AF389859

# ACTE PUBLIC
# POUR LE DOCTORAT

PRÉSENTÉ

## A LA FACULTÉ DE DROIT DE STRASBOURG

ET SOUTENU PUBLIQUEMENT

LE JEUDI 3 JANVIER 1861, A MIDI,

PAR

## ALPHONSE BLOCH,

DE SOULTZ (HAUT-RHIN),

AVOCAT.

STRASBOURG,

TYPOGRAPHIE DE G. SILBERMANN, PLACE SAINT-THOMAS, 3.

1860.

A MON PÈRE.



A MA MÈRE.



A MA SOEUR.




A. BLOCH.

# FACULTÉ DE DROIT DE STRASBOURG.

MM. AUBRY ✳ . . . . . . . doyen et prof. de Code Napoléon.
HEPP ✳ . . . . . . . professeur de Droit des gens.
HEIMBURGER . . . . . professeur de Droit romain.
THIERIET ✳ . . . . . professeur de Droit commercial.
RAU ✳ . . . . . . . professeur de Code Napoléon.
LAMACHE ✳ . . . . . professeur de Droit administratif.
DESTRAIS . . . . . . professeur de procédure civile et de
           législation criminelle.
MUGNIER . . . . . . . professeur de Code Napoléon.
N. . . . . . . . . . . professeur de Droit romain.

LEDERLIN, agrégé.

BÉCOURT, officier de l'Université, secrétaire, agent compt

MM. LAMACHE, président de la thèse.
DESTRAIS,
MUGNIER,
AUBRY,   } examinateurs.
LEDERLIN,

*La Faculté n'entend approuver ni désapprouver les opinions particulières au candidat.*

# JUS ROMANUM.

## De Novatione.

(D. L. XLVI, t. 2; C. L. VIII, t. 42.)

---

### EJUS NOTIO ET GENERA SUMMA.

Novatio, sensu latiore, est obligationis mutatio. Dividitur autem in necessariam et voluntariam. Necessaria dicitur quæ per litiscontestationem et sententiam, voluntaria, quæ ex conventionibus fit. Necessariæ tamen novationis vis haud incommodè ex conventionibus repetitur : nam tempore legis actionum et formularum, uti per stipulationem ita quoque judicio inter actorem et reum contrahi videbatur, non tam spectata origine judicii, quam ipsâ judicati obligatione (L. 3, § 11 ff., XV, 1).

Quamobrem litiscontestatio novationi omnino adæquabatur quâ prior obligatio penitus solveretur, seu ipso jure, seu ope exceptionis, et loco solutæ obligationis, judicii accipiendi obligatio oriebatur ; hanc quoque solvebat sententia, post quam judicatum facere opportebat.

At postremò introductum est, neminem jus suum persequendo, conditionem suam deteriorem, imò magis meliorem facere (LL. 86, 87 ff., L. 17).

Hinc cùm lis contestata est neque cursus usurarum

sistitur (L. 35 ff., XXII, 1). Nec pignorum aut fidejussorum tollitur obligatio (L. 11 pr., § 1 ff., XIII, 7). Nec privilegia pereunt (L. 29 ff., XLVI, 2), nisi personalia sint, et cessionarius actionem sibi cessam intentet (L. 42 ff., XXVI, 7; L. 68 ff., L. 17); atque insuper obligationes alioquin tempore aut morte intereuntes perpetuantur et ad heredes transmittuntur (L. 29 ff., XLVI, 2).

Est et altera novationis divisio in privativam, quâ prior tollatur et in novam transmutetur obligatio, et cumulativam quæ non exstinguat, sed potiùs augeat et confirmet pristinam obligationem. Quæ divisio prioris corollarium est.

Hâc in dissertatione de voluntaria tantum novatione tractandum est.

### VOLUNTARIÆ NOVATIONIS DEFINITIO.

Novatio est prioris debiti in aliam obligationem, vel civilem vel naturalem, transfusio atque translatio, hoc est cùm ex præcedenti causâ ita nova constituatur ut prior perimatur, novatio enim à novo nomen accepit et à novâ obligatione (L. 1 ff., XLVI, 2).

### DIVISIO.

Vicissim exponendum est : 1) Quæ sit novationis forma; 2) Quis novare possit : *a*) Stipulando; *b*) Promittendo ; 3) Quæ obligatio novari possit ; 4) Per quam obligationem prior novetur; 5) Quid sit animus novandi; 6) Qui sint effectus novationis.

### § 1. *Quæ sit novationis forma.*

In Justianeo jure novatio semper fere fit stipulatione, quâ mutantur : 1) aut personæ, quod evenire potest vel expromissione simpliciter factâ (L. 8, § 5 ff., 46, 2) quæ quidem etiam non consentiente debitore fieri potest (L. 23 ff., XLVI, 3; L. 31 ff., XLVI, 2), vel delegationibus; 2) aut iisdem manentibus personis, vel ipsum debitum vel obligationis causa, vel ejus conditiones.

Antiquo jure, litteris quoque obligatio novari poterat, at obsoletis jam ante Justinianum nominibus transcriptis, de antiquatâ illâ novandi formâ, non amplius disputandum est.

Nunc admoneamus, nullam constituto novationem fieri, et si quis pro alio constituat, adhùc eum pro quo intervenit manere obligatum perindè ac in fidejussione (L. 28 ff., XIII, 5; L. 15 ff., XV, 3; L. 3, § 2 ff., II, 8); usque adeo, ut ne per intentam quidem seu contestatam hanc de constitutâ pecuniâ actionem, prior obligatio evanescat, sed demum per solutionem (L. 18, § ult. ff., XIII, 5), nec careat competentiæ beneficio hâc conventus actione, qui ex priori obligatione ad solvendum compulsus, eo opposito se potuisset tueri (L. 3, pr. ff., XIII, 5; L. 33 ff., XXXIX, 5).

Item de jurisjurandi pacto dicendum, nam pristinam actionem neque novat neque tollit, sed potius actioni pristinæ adjicit jurisjurandi actionem (L. 25, § 1 ff., XIII, 5; L. 7, § 7 ff., VI, 2; L. 13, §§ 3, 4, 5 ff., XII, 2); itaque impropriè jusjurandum ad novationis speciem refertur in L. 26, § ult. ff., XII, 2.

Sunt tamen obligationes quæ vel ex naturâ suâ, vel

ex jure singulari, ipso jure, pacto convento tollantur :
ex jure quidem singulari, si civilis furti vel injuriarum
actio sit (L. 17, § 1 ff., II, 14; L. 27, § 2 ibid.), ex
naturâ vero suâ, si naturalis tantum sit, quippe quæ
uti pecuniæ numeratione, ita et justo pacto ipso jure
tollitur, vinculo æquitatis, quo solo sustinebatur, con-
ventionis æquitate dissoluto, atque adeo eodem modo
quo colligatum fuerat (L. 95, § 4 ff., XLVI, 3; L. 35
ff., L. 17).

Quas ad obligationes novandas certè pactum sufficit,
nec necesse est per stipulationem procedere. Videbi-
mus quoquè infrà aliquoties fieri posse ut novatio re
contingat.

### § 2. *Quis novare possit.*

#### a) *Stipulando.*

Ut in solutionibus distinguendum inter eum cui
rectè solvi, et eum qui rectè solvere potest, ita in nova-
tionibus discernendum est. Nam creditori qui novat
stipulando, solvi censetur, et is qui novat promittendo
solutionem fecisse haud immerito videtur. Unde iisdem
fere novandi copia est stipulando, quibus solutionem
accipere licet, et ipsi qui rectè solvunt, obligationem
pristinam novare possunt promittendo, quod patet ex
L. 10 ff., XLVI, 2, his verbis : « cui rectè solvitur is
etiam novare potest. »

Neque is cui bonis interdictum est sine curatore,
neque pupillus sine tutoris auctoritate solutionem accipere possunt, sic nequeunt novare, ne lubrico men-
tis, vel ætatis, deteriorem faciant conditionem suam,
eaque perdant jura, quæ novatione interire solent (L. 3
ff., XLVI, 2; L. 20 ff. ibid.).

Plane tutores et curatores pro pupillis et minoribus, prodigis et furiosis rectè novant (L. 20, § 1; L. 34, § 1 ff., XLVI, 2).

Idem dicendum de procuratoribus, mandatum speciale ad hoc, aut in rem suam, vel generale habentibus, si modo sit mandatum generale cum liberâ (L. 20, L. 34 pr. ff., XLVI, 2; L. 17, § 3 ff., XII, 2; L. 58 ff., III, 2). Sic rectè novant, ut creditor qui nec in tutelâ nec in curâ est.

Ita quoque unus ex duobus reis stipulandi obligationem pristinam stipulando novat, quod ostendunt (L. 31, § 1 ff., XLVI, 2; 13 ult. ff., XLVI, 4; 2 ff., XLV, 2; nec obstat L. 3 ff. in fine principii II, 14) cùm verba finalia dicti principii referenda sint ad id quod anteà definitum erat, s. c. pactum unius ex argentariis sociis cum debitore, reliquis haud nocere quibus deinde subjicitur, idemque in duobus stipulandi reis dicendum esse; adeoque nihil aliud ea lege significatur, nisi quod pactum unius, de non petendo, alteri non noceat, et merito; quia pacto obligationes ipso jure non tolluntur, sed tantum ope exceptionis pacti repellitur ille qui pactus est, non item cæteri cum quibus pactum factum non est (Voet, *Ad. pand.*, II, p. 754).

Non omnino tamen verum est quemcumque cui rectè solvitur novare posse, nam: 1° lege 10 ff., XLVI, 2, in fine excipitur is qui tantum solutionis gratiâ adjectus est; 2° nec procurator cui ad exigendam tantum pecuniam mandatum est novare potest, quanquam illi rectè solvatur; nam non licet ei contrà mandatum quidquam facere aut ejus fines excedere (L. 4, c. VIII, 42); 3° non magis servo vel filio quibus interdum rectè solvitur quod crediderunt, pristinam obligationem novare permissum est, sine illius consensu cujus sunt in potestate (LL. 16, 25 ff., XLVI, 2).

b) *Promittendo*.

Novare possunt promittendo etiam pupilli et similes, sine tutoris vel curatoris auctoritate quoties obligati sunt vel civiliter vel naturaliter; quippe primo casu meliorem reddunt conditionem suam, id efficientes, ut obligatio civilis perimatur, et in ejus locum succedat naturalis sola, nullam adversus pupillum creditori tribuens exactionem. Secundo casu nihil efficiunt, quia naturalis obligatio non transit in civilem et in locum pristinæ novatione extinctæ, secunda naturalis tantum subintrat (L. 1, § 1 ff., XLVI, 2). Cui legi neque obstat L. 9, §§ 5, 7 ff., XII, 1, cùm ibi agatur de casibus ubi non erat novandi propositum, neque L. 20, § 1 ff., XLVI, 2, ubi dictum est pupillum sine tutoris auctoritate novare non posse. Hæc enim lex non nisi de novatione quæ stipulando fit statuit, prior vero (L. 1, § 1 ff., h. t.) de novatione quæ fit promittendo.

Ut debitor, sic quoque extraneus novare potest obligationem promittendo, idque etiam non consentiente debitore, quod jam suprà relatum est, etenim solutione extranei debitor liberari potest (L. 23 ff., XLVI, 3), et expromissio novandi animo facta, solutioni æquiparatur.

§ 3. *Quæ obligatio novari possit.*

Novatur autem omnis obligatio, sive naturalis tantum, sive naturalis ac civilis (L. 1, § 1 ff., h. t.). Nec illud interest utrum ex contractu vel quasi, ex maleficio vel quasi, an ex aliis similibus causarum figuris obligatio descendat, ut patet ex formulâ stipulationis aquilianæ (L. 4 ff., II, 15; L. 2 ff., XLVI, 2; *Inst.*, § 2, l. III, 29; L. 18, § 1 ff., XLVI, 4).

Nec magis interest utrum prius debitum purum sit an in diem vel sub conditione conceptum.

Purum quidem debitum, aut in diem certum conceptum, statim novatur (L. 8, § 1 ff., h. t.).

Conditionale vero, ita demum si existat conditio quâ nascatur prima obligatio, in omni novatione prærequisita (L. 14, § 1 ff., h. t.).

Unde, si forte pendente conditione promissoris persona deportata sit, nequidem existente conditione novatio contingere potest et rectè, quoniam nunc cùm existit conditio non adest persona quæ obligetur (L. 14, § 1 ff., h. t.). Item, si pendente conditione, id quod ex priori sub conditione conceptâ obligatione debetur, sine culpâ debitoris interierit, non erit novatio, quia debitor rei certæ ejus interitu liberatur, et res non subest debita eo tempore quo conditio impletur.

At si res debita culpâ debitoris interierit, continget novatio, quia debitor cujus culpâ res interiit, damnum creditori resarcire debet, et loco rei interitæ, id quod interest solvere, unde fit ut eo tempore quo conditio impletur, adhuc debita res subsit et prior obligatio integra maneat.

Et ea obligatio novari potest quæ tempore non præcedat eam per quam novatur, sufficit enim quod ratione prior sit (L. 8, § 2 ff., h. t.).

### § 4. *Per quam obligationem prior novetur.*

Obligatio quælibet quæ per stipulationem, animo

novandæ prioris obligationis factam contrahitur, priorem obligationem novat. Illud non interest utrum obligatio civilis, au naturalis, utrum purè an in diem aut sub conditione constituta sit, priorem novat sequens obligatio dummodo aut civiliter aut naturaliter teneat, ut putà si pupillus sine tutoris auctoritate promiserit (L. 1, § 1 ff., h. t.). Prior obligatio per sequentem novatur :

*a*) Sive, debitum ad quod præstandum priori vinculo cogi poterat debitor, in aliud transmutetur.

*b*) Sive, eodem manente debito, nova, in obligatione, causa debendi adsit.

*c*) Sive, quod pure debebatur, nunc in diem tantum, aut sub conditione præstandum sit.

*d*) Sive tandem, personæ mutentur creditoris, seu debitoris.

*a.* Cùm debitor rem ex priori obligatione debitam, sequenti obligatione aliâ re commutat, necesse est, ut novatio contingat, earum sit numero res novissime in obligatione deducta, quæ creditori præstari possint.

Quod si fieri non posset, nec prior obligatio perimeretur, nec novatio contingeret.

Hinc Ulpianus (L. 4 ff., XLVI, 2) : « Si ususfructus debitorem meum delegavero tibi, non novetur obligatio mea.» Quod verum est quoad jus strictum, namque is ususfructus qui mihi debetur, non idem est quam is qui creditori meo traditus est, nec secundùm jus strictum tamdiù debitor liberatur, quam eum quem promisit *mihi* et non creditori meo, usumfructum non tradiderit.

Tutus tamen esse debet is qui delegatus fuerit exceptione doli vel in factum adversus delegantem, quoniam nihil aliud fecit quàm id quod sibi mandatum fuit.

Et non solum donec manet ejus usufructus cui delegavi tutus esse debet delegatus debitor sed etiam post interitum delegatarii, quia etiam hoc incommodum sentiret delegatus, si post mortem delegantis delegatario maneret usufructus; et hæc eadem dicenda sunt in quâlibet obligatione personæ cohærenti.

*b.* Eodem manente debito, per sequentem obligationem prior novari potest si causa debendi mutetur. Quod evenit v. g. cùm emptor delegante venditore, pecuniam quam anteà ex vendito debebat ita promittit : *Quidquid ex vendito dare, facere opportet,* secutâ novatione, usuræ nec venditori, nec reo stipulanti præstandæ sunt (L. 27 ff., XLVI, 2).

*e.* Novatur quoquè prior obligatio cùm quod pure debebatur, novâ obligatione, in diem vel sub conditione solvendum est.

Qui in diem stipulatur, animo novandi, statim novat cùm certum sit diem quandoque venturum; non statim tamen ex eâ stipulatione agi potest, sed tunc demum cùm dies venerit (L. 5 ff., h. t.).

Si novatio sub conditione facta sit, deficiente secundæ obligationis conditione, prior manebit obligatio cum suis accessionibus (L. 14 ff., h. t., § 3, in med.; *Inst.*, l. III, t. 29). Quod invenitur quoque apud Gaïum (C. III, § 179), qui tamen putat creditorem nomine prioris obligationis agentem, postquam conditio sub quâ secunda obligatio constituta erat defecerit, doli mali aut pacti conventi exceptione summoveri posse; videtur enim Gaïo, inter creditorum et debitorem id actum, ut ita res ex primâ obligatione debita peteretur, si posterioris obligationis extiterit conditio. Quod, si iisdem manentibus in posteriori obligatione reis stipulandi et promittendi, eademque manente re ac in priori obligatione, aliquoties fieri potest, id certe non fit cùm novus adest creditor aut debitor, aut cùm alia res debetur quàm ex priori obligatione ; his enim casibus positis, deficiente conditione, prior obligatio certe durabit, quia ita demum stipulantes pristinam obligationem novatione conditionali sustulerunt ut tamen duret, nisi in ejus locum nova obligatio subintret.

Existente autem secundæ obligationis conditione, non tamen aliter intelligitur facta novatio, quam si conditionis tempore existentis res illa quæ debita fuerat ex obligatione præcedente adhùc in rerum naturà sit et persona appareat quæ obligari possit. Unde novatio haud videbitur intervenisse, si pendente conditione debitor novans deportatus sit aut servus effectus, vel res sine culpa debitoris novantis extincta sit (L. 14 pr., § 1 ff., h. t.).

At si post moram in re præstandâ quæ pristinâ obligatione debebatur, à debitore factam, res iterum in conditionali, novandi animo obligatione deducta esset, ac pendente conditione interiisset, quid juris? Nec in hoc casu novatio continget, quia novatione mora purgatur et non subest res eo tempore quo conditio impletur. Itaque res debita nec ex morâ priori jam purgatâ peti potest, nec ex secundâ obligatione, propter interitum sine promissoris morâ et culpâ contingentem (L. 14 ff., XLVI, 2; L. 72, § 1 ff., XLVI, 3).

*d.* Novatio etiam, potest fieri interventu novæ personæ cui debeatur, aut quæ debeat.

Hinc Paulus (L. 22 ff., XLVI, 2). «Si quis absente

me a debitore meo stipulatus est novandi animo, ego postea ratum habuero, novo obligationem. » Quo in casu creditoris persona mutatur.

Debitoris vero, si v. g. ab alio sibi promissam dotem maritus, ab uxore dotis nomine stipulatus sit. Etenim non duplatur dos, sed fieri novationem placet si hoc actum est; quid enim interest, ipsa, an alius quilibet promittat? Quod enim ego debeo si alius promittat liberare me potest si novationis causâ hoc fiat; si autem non novandi animo hoc intervenit, uterque quidem tenetur, sed altero solvente alter liberatur (L. 8, § 5 ff., h. t.).

### § 5. *De animo novandi.*

Permultis ex legibus Pandectarum patescit, non aliter novationem contingere posse quam si ita contractum sit, ut pristina obligatio tollatur, et in ejus locum nova obligatio subintret s. c. si contrahentes animum novandi habeant (L. 2, L. 8, § 5, L. 28 ff., h. t.). Quem animum maxime exegit L. 8, C. VIII, 42, quâ cautum est : « Nisi ipsi (contrahentes) specialiter remiserint quidem priorem obligationem et hoc expresserint : quod secundam magis pro anterioribus elegerint, nihil penitùs prioris cautelæ innovari, sed anteriora stare, et posteriora incrementum illis accedere. Et generaliter definimus (adjicit Justinianus) voluntate solum esse non lege novandum, et, si non verbis exprimatur ut sine novatione (quod solito vocabulo *ἄνευ καινοτητος* græci dicunt) causa procedat. Hoc enim naturalibus inesse rebus volumus et non verbis supervenire. »

Quidam jurisconsulti hanc constitutionem falsè interpretantes putaverunt, post eam novationem non intervenire posse nisi contrahentes verbis expresserint se novare voluisse; et secundum hanc interpretationem, quædam jurisconsultorum responsa in pandectis certè per interpolationem accommodata sunt (L. 58 ff., XLV, 1; L. 29, L. 31, § 1 ff., XLVI, 2).

Et hodierni quoque doctores (Sintenis, *Zeitschr. für Civilr. und Process.*, IX, n° 5. — Rosshirt, *Zeitschr. für Civilr. und Criminalr.*, II, p. 19) his verbis in supradictâ constitutione positis «*voluntate solum esse non lege novandum etsi non verbis exprimatur, etc.*» intulerunt, Justinianum constitutione suâ ei regulæ ita derogasse secundum quam «eadem vis est taciti ac expressi.» Ut novatio fieri non possit sin contrahentes verbis expresserint se cum animo novandi egisse.

Magis tamen existimandum est, etiam post constitutionem relatam, ex conjecturis præsumptionem novationis induci posse, si illæ adeo verisimiles ac urgentes sint, ut ex iis perspicuum esse possit, a primâ obligatione partes recedere et illam in secundam transferre voluisse; ut ita tacitæ sed satis perspicuæ idem qui expressæ voluntatis effectus sit, quod fortè nec ipsi juri civili novissimo in dictâ constitutione proposito adversatur, dum Justinianus constituit, voluntate solum non lege novandum esse, adeoque solas reprobat conjecturas lege magis quam probabili partium voluntate subnixas.

Et reipsâ ante dictam constitutionem sæpenumerò certè evenerat ut contrahentes dubitarentur utrum novatio esset nec non, cùm priori obligationi aut fidejussor, aut hypotheca, aut aliud quid additum seu detractum erat. Quas ad resecandas difficultates, permulta inter se pugnantia, seu responsa erant a jurisconsultis

seu rescripta a principibus, quibus contrahentes aliquid addendo seu detrahendo pristinæ obligationi
sæpissimè novasse censebantur, quanquam eâ tantum
mente egissent non ut tolleretur obligatio, sed ut mo-
dificaretur solum. Istius modi interpretationes singu-
lis ex rescriptis seu responsis collectas, abrogavit Justinianus, addiditque necesse non esse his dubiis in
casibus contrahentes verbis expressisse se novare no-
luisse, ut novatio non contingat.

At certè si verbis comprehensa sit stipulationis Aquilianæ formula, seu alia similis, negari non potest quin
novatio sit, etiamsi additum non fuerit nominatim novationem esse (§ 2, *Inst.*, l. III, t. 29; L. 18, § 1 ff.,
XLVI, 4; L. 32, C. II, 4). Deinde quoties apparet obligationem posteriorem non posse simul cùm priori
consistere, illamque cum eâ incompatibilem esse, non
potest non videri novatio eo modo intervenisse.

Quod probatur ex lege 7, § 2 ff., XVI, 3, quâ significatur, eos qui apud mensam argentariorum nummos
suos deposuerunt, mensæ publicæ fidem secutos et
propterea privilegium habentes ante alios creditores quotiens foro cedunt nummularii, hoc tamen amittere privilegium prælationis, si posteà usuras acceperint. Etenim
perit eo casu privilegium, quia hoc ipso, quod quis usuras
accipit pecuniarum, ab initio apud nummularios simpliciter depositarum, intelligitur recessisse contractu
depositi, imo per quandam speciem fictæ traditionis
nummos depositos recepisse ex causâ depositi, iterum-
que ex novâ causâ mutui eosdem nummulariis ad fœ-
nus adnumerasse (L. 9, § 9 ff., XII, 1), atque adeo
novatione quâdam priorem depositi obligationem, trans-
fudisse in aliam ex mutuo procedentem, dum impossi-

bile est idem ex mutuo et ex deposito debitum esse ; et novationem factam esse , quanquam non verbis expresserint contrahentes se novare voluisse intelligi debet, quia posterior obligatio cum priori compatibilis non est. Quæ novatio earum numero est quas supra jam diximus re contingere.

Hinc quoquè Ulpianus ( lib. LXIX ad edict.) : « Si quis ante conduxit, posteà precario rogavit, videbitur dicessisse a conductione, quodsi ante rogat posteà conduxisse videbitur, potius enim hoc procedere videtur quod novissimè factum est (L. 10 ff., XLI, 2). Si contrà non evidenter exprimatur animus novandi, nec incompatibilis sit posterior obligatio cum priori, non erit novatio, placet anteriorem obligationem stare , et posteriorem illi incrementum accedere (L. 8, C. VIII , 42). Quodsi enim quod ego debeo alius promittat non novandi animo, utcrque tenetur ut supra diximus nec novatio contingit » (L. 8, § ult. ff., XLVI, 2).

Idem inferendum est lege 26 ff., h. t. Nec magis novatio erit si creditor, cui ab initio debitum competebat non usurarium, deinceps usuras a debitore pactus fuerit, vel cùm priùs usuræ leviores essent debitæ, posteà graviores in conventionem deduxerit, obligationi priori non usurariæ, alia tantum de usuris adjicitur (Arg., L. 44, § 1 ff., XXVI, 7 ; junct., l. 29 ff., XLVI, 2).

Nec recte in contrarium adducitur obligationem priorem non usurariam et posteriorem usurariam incompatibiles esse, adeòque ex necessitate novationem contingere. Tantum cnim abest ut tales obligationes credi debeant incompatibiles, ut potius non usuraria inclusa sit usurariæ ut majori summæ minor incst (L. 1, § 4 ff., XLV, 1).

Et quanquam tali usurarum stipulatione prior obligatio non novetur, nec pignora liberentur, fidejussores qui pro priore obligatione non usuraria intervenerant, devincti tamen non sunt ad incrementum obligationis usurariæ, ex posteriore conventione proveniens: quia in eam causam haud fidejusserunt (L. 68 ff., XLVI, 1).

Idem erit dicendum si creditor debitori prorogaverit terminum solutionis, nec hoc quoque in casu novatio erit, nec fidejussor in id, quo dilatione solutionis crevit debitum obligatus erit, nisi si in omnem causam obligationis expresse intervenerit.

Ita quoque, neque vetere neque novo jure per solam pœnæ stipulationem obligationi alteri oppositam novatio fit. Leges enim 28 ff., XIX, 1, 122, § 2 ff., XLV, 1, ostendunt: ei qui pœnali conventione alium contractum munivit, permissum esse antequàm pœnam petat, ex obligatione præcedenti agere, vel si priùs pœnam ex stipulatu consecutus sit, persequi ulterius id ex obligatione quod interest si forte pœna addita minor sit, quam est illud quanti vere interest obligationem priorem impletam non esse. Et his non adversatur quod a Paulo traditum est (L. 44, § 6 ff., XLIV, 7): « Sed si navem fieri stipulatus sum et si non feceris, centum, videndum utrum duæ stipulationes sint, pura et conditionalis, et existens sequentis conditio non tollat priorem, an vero transferat in se et quasi novatio prioris fiat? Quod magis verum est.» Quam legem ad intelligendum necesse est ut exponamus regulas quæ his stipulationibus præscribebantur, quibus ad faciendum aliquid, reus promittendi obligatus erat.

Antiquo quidem jure, stipulationes quibus ad faciendum quid aliquis obligabatur, nihil in judicio efficiebant, quia factum, *incertum* est, et secundum strictum jus stipulationum, quæcumque condemnatio certa esse deberet.

Quod incommodum ad perimendum, contrahentes pœnalem stipulationem obligationi principali adjiciebant ad eam ita firmandam, ut stipulatione pœnali, loco facti, in *condemnatione* collocatâ, judex ad stipulationem pœnalem solvendam quæ semper certa erat, reum promittendi actione conventum, condemnare posset (*Arg.*, L. 38, § 17 ff., XLV, 1).

Hinc quoque Justinianus (§ 7, *Inst.*, l. III, t. 16) constituit, in hujus modi stipulationibus quibus si stipuletur quis, aliquid fieri vel non, optimum esse pœnam subjicere, ne quantitas stipulationis in incertum sit, ac necesse sit actori, probare quid ejus intersit.

His dictis, satis demonstratur stipulationem pœnalem ad firmandas obligationes adjici, non ad novandas, et absurdum certe foret stipulatione pœnali labefactari atque perimi obligationem, ad quam firmandam ipsa pœnæ stipulatio adinventa est.

Quod autem ad dictam legem 44 attinet, non *novatio*, sed *quasi novatio* fieri dicitur. Quibus verbis nihil aliud inducendum est quam, creditorem non posse simul rem in obligationem deductam vel id quod interest, et pœnam petere, sed pœnam prius petitam in sequentem petitionem ejus quod interest imputari, si fortè in pœna prius petita minus sit, quam in eo quanti interest obligationem principalem impletam non esse (L. 4, § 7 ff., XLIV, 4; L. 28 ff., XIX, 1).

Præter quam ipsa verba *quasi novatio* satis denotant hoc non propriè novationem dici posse, cùm contrahentes pristinæ obligationi pœnam adjecerunt.

Superest ut dicamus, solâ conventione de re aliâ pro ea quæ ab initio debebatur in solutum dandâ nullam novationem contingere.

Quod patet ex lege 9, C. IV, 44, in quâ dicitur, pretii causâ non pecuniâ numeratâ, sed pecoribus pro eâ in solutum consentienti datis, contractum emptionis haud irritum constitui (conf., L. 26, § 4 ff., XII, 6. Voet, *Pand.*, 46, 2, *passim*).

### § 6. *Qui sint novationis effectus.*

Novatione efficitur ut prior tollatur obligatio etiamsi ex rei judicatæ auctoritate nata esset (L. 2, C. VII, 53); ut perimantur privilegia priori obligationi adhærentia (L. 29 ff., XLVI, 2), ut evanescant et fidejussiones, et pignora, et usurarum cursus, et pœnæ stipulatio priori opposita obligationi (LL. 15, 18 ff., h. t.), nisi vel fidejussio vel pignora repetita sint (L. 4, C. VIII, 40; L. 11, § 1 ff., XIII, 7).

Denique novatione mora purgatur ut supra jam dictum est.

# DROIT CIVIL FRANÇAIS.

## De la subrogation à l'hypothèque légale de la femme.

(Art. 9 de la loi du 23 mars 1855 sur la transcription en matière
hypothécaire.)

Si dans la plupart des matières de notre droit civil le
législateur s'est inspiré des principes du droit romain,
il n'en est pas une peut-être où il ait voulu les abandonner plus radicalement que dans celle du contrat de
mariage.

Ce n'est qu'après de longs tiraillements, on le sait,
que le régime dotal a été introduit dans nos lois et c'est
le régime de la communauté, dont l'origine est toute
coutumière, qui est resté en définitive notre régime de
droit commun en France.

Il semblerait que dans cet état de choses nous ne
dussions pas avoir à remonter à la législation romaine
pour y chercher les traces de la matière qui fait l'objet
de ce travail, puisque, comme nous le verrons, la convention connue sous le nom de subrogation à l'hypothèque légale de la femme ne trouve son application
qué sous les régimes autres que le régime dotal, ou
tout au moins pourrait-on croire que s'il y a des rapports entre ce qui se pratique sur ce point chez nous
et les lois romaines, ce ne peut être qu'en matière de
régime dotal. C'est cependant le contraire qui a eu lieu.

Nous allons établir à l'instant qu'en droit romain où l'on ne connaissait que le régime dotal, la femme pouvait renoncer en faveur de tiers aux sûretés que la loi lui donnait sur les biens de son mari pour garantir sa dot, et nous verrons au contraire (au chap. I) que la femme mariée sous le régime dotal ne peut plus en principe aujourd'hui renoncer à ces sûretés.

C'est la loi 21, C., *ad. s. c. Vel.*, IV, 29, qui permettait aux femmes de renoncer à leur hypothèque légale en faveur d'un tiers. Voici comment la glose d'Accurse explique cette loi : «*Certum est quod mulier habet omnia bona mariti hypothecata pro dote suâ; pone ergo quod aliquis vult contrahere cum marito alicujus mulieris sed dubitat contrahere, quia sunt omnia bona sua obligata mulieri; an ipsa possit renuntiare juri hypothecæ vel pignori quæritur? Respondeo quod sic. Sed tamen si renuntiavit in uno contractu vel duobus etiam verbis generalibus, non debet hæc renuntiatio trahi ad alias personas nec ad alias res vel alios contractus nisi de quibus actum est.*» Et cette loi ne contrariait pas le principe du s. c. Velléien, d'après lequel une femme ne pouvait se rendre caution d'un tiers, car la loi 8 ff. *princ. ad. s. c. Vel.* porte formellement que la renonciation à l'hypothèque n'est pas un cautionnement. Voici le texte de cette loi : «*Quamvis pignoris datio intercessionem faciat; tamen Julianus lib. 12 ff. scribit, redditionem pignoris, si creditrix mulier rem quam pignori acceperat debitori liberavit, non esse intercessionem.*»

Doit-on cependant conclure de tout ce qui précède que la femme avait en droit romain un pouvoir illimité pour renoncer à son hypothèque légale? Doit-on en conclure que la loi 2 ff., XXIII, 3, qui nous dit, « *Rei publicæ interest, mulieres dotes salvas habere, propter quas nubere possunt* » n'est qu'une phrase dépourvue de sens et que la femme pouvait à son gré se dépouiller de sa dot au moyen des renonciations permises par la loi Jubemus? Certes non. Barthole et tous les interprètes de la loi Jubemus (Olea, *De cess. jur.*, t. 5, quest. 3, n° 11 ; Favre, *C.*, l. 4, tit. 21, def. 15 et 26, l. 8, tit. 13, def. 3 et 7) étaient d'avis que la femme ne pouvait renoncer aux sûretés qui lui étaient garanties par la loi, qu'en tant qu'elle ne se préjudiciait pas à elle-même et qu'il restait encore assez de biens à son mari, pour la couvrir de toutes ses reprises matrimoniales.

En cas d'insolvabilité du mari, la renonciation de la femme était considérée comme non avenue. Voici comment s'exprime à ce sujet le président Favre (L.8, tit.14, def., 3) : « *Nemo dubitat quin possit mulier etiam constante matrimonio, pignoris obligationem, sibi in hâc aut illâ re sive expressè sive tacitè quæsitam, ultrà remittere, si modo alia bona supersint marito, ex quibus illa indemnitatem consequi possit.* »

En principe donc, si la mari était insolvable, la renonciation de la femme était un acte inutile, puisque cette dernière pouvait recourir contre celui-là même en faveur duquel elle avait renoncé, pour se faire couvrir de ses reprises dotales.

Il ne faudrait pas, cependant, aller trop loin et croire que dans tous les cas d'insolvabilité du mari une pareille renonciation fût sans effet aucun. Supposons que Titius ait, en se mariant avec Caïa, une fortune de 20,000 sest., et que Caïa lui apporte en dot 4000 sest. Titius vend à Primus un immeuble pour

15,000 sest., et Caïa renonce en faveur de Primus à son hypothèque légale sur les biens de son mari. Plus tard, Titius vend à Secundus le dernier immeuble qui lui reste à raison de 5000 sest., mais cette vente n'est pas accompagnée de la renonciation de la femme. Puis Titius meurt insolvable.

Si la femme n'avait pas renoncé en faveur de Primus, elle pourrait, à son choix, recourir contre lui ou contre Secundus pour se faire remplir de sa dot; mais comme elle a renoncé en faveur de Primus, et que, d'ailleurs, l'immeuble acquis par Secundus au prix de 5000 sest. suffit pour garantir à la femme sa créance dotale, ce n'est que contre ce dernier qu'elle pourra recourir en définitive.

Voyons maintenant dans quelles formes la femme pouvait renoncer à son hypothèque légale. Elle pouvait le faire, nous l'avons vu déjà, expressément ou tacitement, et, sous ce dernier rapport, les principes du droit romain sont encore suivis pour la plupart, comme nous le verrons par la doctrine et la jurisprudence actuelles.

Les lois romaines considéraient comme renonçant tacitement à son hypothèque la femme qui assistait au contrat de vente, ou qui donnait son consentement à l'aliénation, avec promesse d'éviction (L. 4, § 1 ff., XX, 6; L. 158 ff., L. 17; L. 2, c. VIII, 25). La femme qui, dans ces circonstances, aurait voulu agir hypothécairement contre les tiers détenteurs, se serait vu repoussée par l'exception de garantie.

La loi 11 ff., *Quib. mod. pign.* nous apprend que la femme qui assiste au contrat par lequel le mari constitue en dot à sa fille un bien frappé de l'hypothèque légale, est censée faire remise de son hypothèque sur ce bien.

D'après la loi 12 ff., h. t., le consentement donné par un créancier hypothécaire à ce que le bien qui lui est hypothéqué soit affecté à un tiers, équivaut à une renonciation d'hypothèque au profit de ce dernier. La même décision se retrouve dans la loi 12, § 4 ff., *Qui potiores in pign.*, etc.

Ces deux derniers textes, qui ne prévoient pas spécialement le cas de renonciation de la femme, sont généraux et s'appliquent par conséquent à ce dernier cas.

Il nous reste à voir quel était l'effet de ces cessions ou de ces renonciations que la femme dotale pouvait consentir en droit romain.

Il n'y avait pas de difficulté pour le cas de cession; on s'accordait généralement à dire que, quand la femme avait fait cession de ses droits, le créancier était subrogé à son privilége et excluait les créanciers primés par la femme.

Mais M. Troplong (*Priv. et hyp.*, II, n° 600) nous apprend, d'après Charles-Antoine Deluca (*Spicilegium de cessione jurium*, quest. 15, n° 10), qu'une des questions les plus controversées, *una ex insolubilibus*, était de savoir quel était l'effet de la renonciation tacite. Cette renonciation avait-elle seulement pour effet d'exclure la femme de tout recours contre celui en faveur duquel elle avait renoncé, ou bien transférait-elle le privilége dont la femme était investie ? D'après Deluca, lorsqu'il n'y avait eu qu'une simple renonciation de la part de la femme, celui qui avait contracté n'avait que le droit d'exclure la femme de son recours hypothécaire.

« *Censeo resolvendum quod si mulier renuntiavit solum hypothecæ is qui contraxit, excludet solùm mulierem a dictis bonis, non creditores qui ante ipsum contraxerunt. Si mulier fecit cessionem jurium tunc contrahens excluderet etiam creditores, quos mulier præcedebat, ejus locum repræsentando. Ità Cancerius $n^{os}$ 120 et 121, ubi ità judicasse senatum refert.* »

Mais, en vérité, y avait-il entre les cas de cession et de renonciation une différence si grande ? N'est-ce pas plutôt, comme nous le verrons, une affaire de mécanisme qu'une question de principe ? Prenons un exemple : Primus emprunte à Tertius une somme de 2000 sous l'hypothèque du fonds Cornélien ; la femme intervient au contrat, et renonce par là à son hypothèque légale en faveur de Tertius. Primus tombe en déconfiture, l'immeuble Cornélien est vendu ; alors se présentent à l'ordre la femme pour sa créance dotale de 2000, un créancier Secundus pour 4000, et Tertius pour 2000.

En présence de la renonciation de la femme à son hypothèque en faveur de Tertius, quel moyen pouvait trouver Secundus pour empêcher le premier d'aller prendre le rang de la femme à l'ordre ? Il se fondait sur ce que Tertius ne primait la femme de Primus qu'en vertu d'arrangements particuliers, et il ajoutait que lui, Secundus, étant préférable à Tertius, le premier rang devait lui revenir.

Mais Tertius répliquait : *Si vinco vincentem te, à fortiori te vincam.* J'exclus l'épouse qui vous est préférable, donc je vous suis préférable.

C'est parce que Tertius avait raison, et qu'au premier aspect Secundus n'avait pas tort, que les jurisconsultes faisaient de cette question *una ex insolubili-bus.* Secundus disait à juste titre que ce qui était inter-venu entre Tertius et l'épouse de Primus était pour lui *res inter alios acta;* mais c'est précisément pour cette raison que la femme gardait à l'égard de Secundus son rang hypothécaire et venait le primer à l'ordre; d'un autre côte, la femme qui a renoncé en faveur de Ter-tius, n'est plus, à son égard, que créancière chirogra-phaire, et c'est à Tertius que doit revenir en dernière analyse la collocation de la femme (L. 16 ff., *Qui pot. in pign. etc.,* XX, 4).

Secundus ne doit ni perdre ni gagner à la renoncia-tion de la femme, cette dernière reste toujours là pour le primer et pour remettre à Tertius, en faveur de qui elle a renoncé, le montant de sa collocation.

Si au lieu d'avoir fait une simple renonciation la femme avait cédé ses droits à Tertius, celui-ci viendrait prendre sa place et primer de son chef le créancier Se-cundus. Mais au fond, le résultat n'est-il pas le même et n'avions-nous pas raison de dire que cette *crux inter-pretum* était plutôt une question de mécanisme qu'une question de principe?

Quoi qu'il en soit, le procès n'est pas même encore aujourd'hui vidé complétement, et nous verrons, en traitant des effets de la subrogation à l'hypothèque de la femme, que depuis le Code Napoléon on a voulu creu-ser un abîme entre la renonciation *in favorem* et la cession expresse que la femme aurait faite de son hypo-thèque légale.

## NOTIONS GÉNÉRALES.

La matière que nous allons traiter dans ce travail n'est pas réglée par le Code Napoléon. L'art. 20 du décret du 28 février 1852 (sur les sociétés du crédit foncier) est le premier texte législatif où elle soit dénommée.

Ce sont les besoins pratiques qui lui ont donné naissance, et notre époque, plus que toute autre, était propre à la voir se développer.

En face des avantages immenses qu'offrent aux capitaux le commerce et l'industrie, les bourses des capitalistes tendaient de plus en plus à se fermer pour les propriétaires fonciers. Les prêteurs, outre que l'intérêt légal que leur rapportait leur argent, n'était pas à mettre en ligne de compte avec les bénéfices qu'ils auraient pu retirer en commanditant des entreprises commerciales ou industrielles, voyaient souvent leur capital même compromis par l'hypothèque légale de la femme dispensée d'inscription.

De là, des craintes bien légitimes et toujours croissantes chez les capitalistes; de là, la ruine totale du crédit des propriétaires fonciers. Ce n'est pas tout : les tiers acquéreurs n'étaient pas plus assurés que les prêteurs de fonds contre l'hypothèque de la femme, et le mari qui ne trouvait plus d'argent à emprunter ne vendait que difficilement, ou avec perte, les immeubles dont le prix devait rendre la vie à son exploitation agricole.

Ce sont ces besoins si impérieux qui ont donné naissance à la convention connue sous le nom de *subroga-*

*tion à l'hypothèque de la femme;* c'est pour protéger les créanciers et les tiers acquéreurs contre les effets si menaçants de l'hypothèque occulte de la femme que les praticiens l'ont imaginée et que le législateur de 1855 est venu la réglementer.

Par cette convention, les sûretés hypothécaires de la femme sont non pas effacées, mais volontairement abandonnées d'une manière conditionnelle, en tout ou en partie, en faveur des tiers auxquels la femme communique ses droits.

Notre matière, par cela seul qu'elle est l'œuvre de la pratique et non pas de la loi, a dû donner naissance à bien des difficultés, à bien des divergences.

Ainsi en est-il aussi. Bien des systèmes ont été laborieusement édifiés qui ont été aussitôt attaqués et battus en brèche. Quelques points se trouvent aujourd'hui tranchés par l'art. 9 de la loi du 23 mars 1855 sur la transcription, mais ce texte, en donnant à notre matière une consécration législative, laisse encore sous l'empire des principes généraux les points qu'il ne décide point.

C'est en prenant toujours ces principes pour guides, que nous choisirons parmi les opinions des auteurs celles qui nous paraîtront le moins s'en éloigner. Nous n'oublierons pas toutefois, que ce sont les besoins de la pratique qui ont donné naissance à notre matière, et nous nous verrons peut-être dans le cas de réfuter quelques décisions judiciaires qui, pour vouloir se rattacher au droit strict d'une manière inopportune, enlèvent à cette innovation de la pratique une grande partie de son utilité.

DE LA NATURE DE LA SUBROGATION A L'HYPOTHÈQUE
LÉGALE DE LA FEMME.

On conçoit assez facilement le but et l'objet de notre convention. Son but, c'est de maintenir le crédit du mari ou de le relever; son objet, c'est de transférer certaines garanties à ceux qui traitent avec le mari. Sur ces deux points, pas de doute possible et pas de divergence entre les auteurs. Mais il en est autrement quand ils veulent définir l'opération en question et en déterminer la nature.

Selon M. Bertauld (*De la subrog.*, n<sup>os</sup> 6 et 60) : « Si la subrogation a de la parenté ou de la ressemblance avec le contrat de gage, il faut cependant reconnaître que ce qui prédomine en elle, c'est la physionomie, la forme et même *au fond la nature du transport.* »

M. Benech (*Le nantissement appliqué aux droits, créances et reprises de la femme sur les biens de son mari*, p. 9, 10, 11) vient combattre le savant professeur sur ce point, et prouve pour nous jusqu'à l'évidence qu'il n'y a pas même l'ombre d'une cession dans l'opération que nous étudions.

En effet, qu'est-ce que la cession si ce n'est la transmission ou plus particulièrement la vente des choses incorporelles? Sauf quelques règles particulières posées dans les art. 1689-1695 du Code Napoléon, la cession est soumise aux principes généraux de la vente des choses corporelles. Or, il n'y a vente que lorsqu'il y a concours de ces trois éléments : une chose vendue, un prix, le consentement des parties sur la chose et sur le prix ; à défaut de l'un de ces trois éléments, la vente est nulle. Il est également élémentaire que le prix doit être certain, sérieux, déterminé, consistant en argent monnayé.

«*Emptio et venditio nulla est sine pretio*, nous dit Ulpien (L. 2 ff., *De contrah. empt.*); et il ne s'agit pas ici d'une nullité relative, la vente sans prix est nulle, inexistante, *umbra est, corpus sine animo*, comme disaient les anciens auteurs que cite Dumoulin (sur le titre du Code *plus valere quod agitur....*)

Or, où est le prix dans l'acte par lequel la femme abandonne son droit hypothécaire au créancier de son mari, dans l'acte par lequel la veuve fait ce même abandon aux créanciers des héritiers de son mari? De prix déterminé en argent, il n'y en a pas. Peut-on du moins considérer comme prix l'avantage que la femme est censée retirer du crédit qu'elle procure à son mari en lui facilitant l'acte qu'il veut passer? Mais n'est-ce pas aller contre toutes les idées reçues en doctrine et en jurisprudence, est-ce là un prix certain, est-ce un prix sérieux, déterminé, et consistant en argent monnayé?

D'un autre côté, le créancier en faveur duquel la femme abandonne son droit hypothécaire devient-il propriétaire incommutable de la créance de la femme? Peut-il en disposer, soit à titre gratuit, soit à titre onéreux? Rien n'est moins vrai, car si le créancier vient à être désintéressé par le mari, la femme reste propriétaire de sa créance sans qu'il soit besoin qu'une rétrocession lui en rende la propriété.

Mais avec M. Pont (*Priv. et hyp.*, n° 471) nous cessons d'être de l'avis de M. Benech quand il enseigne qu'en allant au fond des choses il faut suivre l'opinion des auteurs, et plus particulièrement de MM. Mourlon et

Gauthier, qui n'ont vu qu'un nantissement dans la cession dont il s'agit.

Tout d'abord faisons remarquer que M. Gauthier est bien loin de considérer cette opération comme une constitution de gage. A la fin du § 578 (*Traité de la subrogation de personnes....*), il nous dit formellement qu'il est d'accord avec M. Mourlon pour ne pas considérer la subrogation à l'hypothèque de la femme comme une cession pure et simple de ses créances; mais ce n'est pas une raison, ajoute-il, « pour qu'on se trouve nécessairement en face d'un contrat de gage et de la nullité résultant de l'inobservation des formalités prescrites par les art. 2074-2076 du Code Napoléon. » M. Gauthier, § 579, ne voit dans cette opération qu'une cession d'antériorité, opinion que nous ne saurions admettre, car elle exclut la subrogation en faveur d'un créancier chirographaire; nous espérons établir au contraire que la femme peut très-valablement subroger dans son hypothèque légale ceux-là mêmes qui n'ont aucune hypothèque sur les biens du mari.

Mais revenons à M. Benech; nous ne sommes pas de son avis quand il enseigne que la subrogation n'est autre chose qu'une constitution de gage. Nous ne sommes pas de son avis, car il rend tout simplement impossible pour la plupart des cas cette subrogation à l'hypothèque de la femme. En effet, pour que le contrat de gage soit valable, il faut, d'après l'art. 2076 du Code Napoléon, la tradition, c'est-à-dire la remise au créancier ou à un tiers convenu entre les parties des choses corporelles ou des titres de créances.

Or, avons-nous ici cette tradition? Mais elle est impossible le plus souvent puisque, sauf quelques cas, celui où les apports de la femme sont constatés par le contrat de mariage, celui où les biens à elle échus par succession sont désignés soit dans un inventaire, soit dans un testament, celui enfin où des biens lui ont été transmis par donation entre-vifs, la créance de la femme indéterminée jusqu'à la dissolution de la société conjugale et soumise à des alternatives qui se renouvellent sans cesse jusqu'au jour de la liquidation, est une créance sans titre.

Nous n'avons donc pas plus ici un nantissement qu'une cession transport ou une cession d'antériorité.

Pour nous, nous ne voyons dans la subrogation à l'hypothèque légale de la femme qu'une convention de garantie *sui generis*, dont les conditions d'existence sont réglées désormais par l'art. 9 de la loi du 23 mars 1855 ; une convention dont les effets ne pourront s'étendre au delà des reprises que la femme pourra avoir à exercer contre son mari, et par laquelle le subrogé est délégué éventuellement en ce sens qu'il exercera à la place de la femme les droits de cette dernière, s'il n'est pas désintéressé au moment où ces droits peuvent être exercés.

## CHAPITRE PREMIER.

### DES CAS DANS LESQUELS LA FEMME PEUT SUBROGER A SON HYPOTHÈQUE LÉGALE.

La femme peut-elle dans tous les cas et sous quelque régime qu'elle soit mariée, subroger un tiers dans son hypothèque légale ? L'art. 9 de la loi du 23 mars 1855 nous prouve par sa rédaction restrictive que, s'il est des cas où la femme peut valablement consentir une pareille convention, il en est d'autres où elle ne le peut pas. « Dans les cas, nous dit cet article, où les femmes peuvent céder leur hypothèque légale ou y renoncer, etc.» La loi, en supposant, comme on le voit, une ou plusieurs exceptions à la règle, ne nous dit pas quelles sont ces exceptions. C'est qu'en ceci la pensée de ses rédacteurs a été de s'en référer aux principes généraux.

En effet, l'art. 11 qui, dans le projet présenté au Corps législatif, correspondait à l'art. 9 de la loi, disait d'une manière tout absolue, « que les femmes ne pourraient céder leurs droits à l'hypothèque ou y renoncer, que par acte authentique ; » mais la commission fit subir un changement au projet, changement que le Corps législatif a consacré ensuite et qui a eu pour objet précisément « de bien établir que la loi n'a pas pour but de modifier en quoi que ce fût, la législation relative aux droits de la femme mariée en matière de cession ou de renonciation à son hypothèque légale » (Rapport de M. Adolphe de Belleyme). C'est donc aux principes généraux qu'il faut se reporter.

D'après ces principes, quels sont les cas où la femme est capable, quels sont ceux où elle ne l'est pas ? Examinons :

La femme mariée sous le régime de la communauté a toute capacité de faire, avec l'autorisation de son mari ou de justice, tous les actes de la vie civile. Elle peut donc incontestablement céder son hypothèque légale ou y renoncer. Elle le peut également en cas d'exclusion de communauté sans stipulation de régime dotal ; de même aussi en cas de séparation de biens.

Enfin, nous verrons bientôt que, si en principe, la femme mariée sous le régime dotal ne peut faire une pareille convention, il est des circonstances cependant où la loi ne s'y oppose pas évidemment. Ajoutons que dans tous les cas où la femme peut valablement céder son hypothèque légale ou y renoncer, les règles écrites dans les art. 2144 et 2145 du Code Napoléon pour protéger la femme contre sa propre faiblesse et pour la garantir contre les effets de l'influence maritale, ne reçoivent pas leur application. Ces articles ont prévu une hypothèse tout autre que celle qui nous occupe; ils se réfèrent au cas où le mari poursuit l'affranchissement de ses biens de l'hypothèque générale de la femme qui les grève tous et où il veut faire restreindre cette hypothèque aux immeubles suffisants pour garantir tous les droits de la femme. Pour la validité de la convention qui nous occupe, il suffit de la part de la femme, qu'elle consente assistée de son mari ou dûment autorisée par justice; ce consentement toutefois doit être constaté par acte authentique.

Si sous les régimes que nous venons d'énumérer la règle est *aliénabilité des biens, capacité de la personne*, il en est un autre, le régime dotal, en tête duquel le législateur a écrit, au contraire, *inaliénabilité de certains biens, incapacité générale de la femme*. Point de difficulté quand la dot consiste en immeubles : elle est inaliénable pour le mari et pour la femme (C. Nap., art. 1554). Aussi cette dernière ne peut-elle amoindrir par des cessions ou des renonciations les garanties que la loi lui accorde à raison de ces biens qui, tant que dure le mariage sont, sauf quelques exceptions prévues et réglées par les art. 1555-1559 du Code Napoléon, placés hors de tout commerce.

En est-il autrement, quand la dot est mobilière ? La

solution qu'on donnera à cette question, devra-t-elle
varier suivant qu'on considérera la dot mobilière
comme aliénable ou comme inaliénable? Il semblerait
au premier abord qu'il en dût être ainsi, il semblerait
que celui qui admet l'aliénabilité de la dot mobilière,
dût par voie de conséquence être amené à reconnaître
la validité d'une pareille subrogation. Il n'en est rien
cependant, et tout en admettant que la dot mobilière
est aliénable entre les mains du mari, nous croyons
avec la jurisprudence et la généralité des auteurs, que
la femme ne peut, même dans ce cas, céder son hypothèque légale ou y renoncer.

Pour justifier notre proposition nous sommes amené
forcément à dire en quelques mots, l'état de la doctrine
et de la jurisprudence sur cette grande question de la
prétendue inaliénabilité de la dot mobilière.

Cette difficulté a séparé les auteurs. Dans le camp de
l'inaliénabilité nous trouvons : Delvincourt, III, p. 112;
Benoît, I, p. 206; Bellot des Minières, IV, p. 88; Grenier, *Hypoth.*, I, 34; Tessier, *De la dot*, I, p. 288
et suiv.; Taulier, V, p. 278 et suiv.; Rolland de Vil-
largues, *Rép. du not.*, vᵒ *Rég. dot.*, nᵒ 104. Les partisans de l'aliénabilité sont : Toullier, XIV, 76 et suiv.;
Duranton XV, 542 et suiv.; Vazeille, *Du mariage*,
II, 330; Coulon, *Questions de droit*, II, p. 206;
Seriziat, p. 445 et suiv.; Odier, III, 1239; Troplong,
*Des hyp.*, IV, 923; *Contr. de mar.*, IV, 3225 et
suiv.; Marcadé, art. 1554, nᵒˢ 2 et 3; *Revue critique*,
1851, I, p. 602 et 622; 1852, II, p. 206 et 458; 1853,
III, p. 212; Zachariæ et MM. Aubry et Rau, § 537 *bis*,
IV, 3ᵉ édit.

Le principal argument de ceux qui tiennent pour

l'inaliénabilité de la dot mobilière consiste à dire que sous l'ancien droit la dot mobilière était inaliénable et que le code n'ayant voulu rien changer aux anciens principes, il en doit encore être de même aujourd'hui.

Si cette double proposition était justifiée, nous n'aurions qu'à nous rendre à l'opinion de ceux qui la mettent en avant et à proclamer avec eux l'inaliénabilité de la dot mobilière. Mais est-il donc vrai que sous l'ancien droit la dot mobilière fût inaliénable ? A Rome, l'inaliénabilité ne frappait que l'immeuble dotal, *dotale prædium*, dit la loi Julia (Gaïus, *Com.*, II, § 63 ; Paul, *Sent.*, XXI, B., § 2), *dotale prædium*, répète Justinien (*Inst.*, l. II, t. 8, pr.) en ajoutant que lui-même a étendu la prohibition d'aliéner, des immeubles de l'Italie aux immeubles de la province.

Il est vrai que le Parlement de Bordeaux et quelques autres avaient étendu aux meubles l'inaliénabilité des immeubles, mais cette jurisprudence était loin d'être devenue la règle générale, et la plupart des Parlements, tout en défendant à la femme dotale de renoncer à son hypothèque légale, tout en empêchant que les engagements par elle contractés durant le mariage ne fussent exécutés sur les meubles dotaux, reconnaissaient cependant au mari le droit de disposer de ces meubles (*Résumé de la jurisp. des Parlements*, Odier, III, 1234 ; Tessier, *De la dot*, n[os] 91-99).

Nous pourrions nous contenter d'avoir établi que sous l'ancien droit la dot mobilière n'était pas inaliénable, il s'ensuivrait d'après ceux-là mêmes qui adoptent l'opinion contraire qu'il en est de même encore aujourd'hui, car ils reconnaissent que le code n'a rien voulu changer à l'ancien droit. Mais nous allons plus loin et nous disons que quand même la dot mobilière eût été inaliénable dans l'ancien droit, il n'en pourrait plus être ainsi aujourd'hui en présence des textes de notre code. Ce sont les immeubles constitués en dot que l'art. 1554 déclare inaliénables; les art. 1557-1560 ne parlent également que de l'immeuble dotal, du fonds dotal. La rubrique de notre section prouve jusqu'à l'évidence l'intention du législateur. Elle est intitulée: *Des droits du mari sur les biens dotaux et de l'inaliénabilité du fonds dotal.* La première partie de cette section, art. 1549-1554, s'occupe des droits du mari sur tous les biens dotaux, meubles ou immeubles; la seconde de l'inaliénabilité des immeubles dotaux. Et que l'on ne vienne pas dire que les termes *biens dotaux* que l'on trouve dans les art. 1555 et 1556 comprennent les meubles aussi bien que les immeubles. Les art. 1555 et 1556 apportent une exception à la règle de l'inaliénabilité de l'immeuble dotal, posée en l'art. 1554; or, il n'est pas plus possible que ces mots *biens dotaux* des art. 1555 et 1556 comprennent les meubles aussi bien que les immeubles, qu'il n'est possible d'excepter d'une règle ce qui ne s'y trouve pas compris. En présence des termes de l'art. 1554 du Code Napoléon, de l'ensemble et du rapprochement des textes de notre section et de sa rubrique, qui voudrait soutenir que le code a décrété l'inaliénabilité de la dot mobilière?

Si ces arguments de textes ne suffisaient pas pour faire condamner la doctrine de l'inaliénabilité de la dot mobilière, les conséquences de cette doctrine y suffiraient certainement. Supposons pour un instant que l'art. 1541 imprime le caractère de l'inaliénabilité à tous les biens constitués en dot, aux meubles comme aux immeubles, et rapprochons cet article de l'art. 1558. Ce dernier article, qui ne fait exeption à l'inaliénabilité dans les cas qu'il prévoit que pour l'immeuble dotal, laisserait donc les meubles constitués en dot sous le principe de l'inaliénabilité! Ce serait la conséquence forcée de ce rapprochement; *qui dicit de uno, negat de altero.*

La même énormité ressortirait de la combinaison de l'art. 1541 avec l'art. 1557 qui, lui aussi, ne parle que des immeubles, en sorte que la réserve formellement écrite au contrat d'aliéner les meubles se trouverait nulle aux termes de l'art. 1388, comme dérogeant en dehors des limites permises par la loi à la disposition prohibitive desdits art. 1541-1554. Ces conséquences sont-elles admissibles? Qui oserait le soutenir? Ont-elles été admises par la jurisprudence que des gens peu habitués à diviser les difficultés accusent trop à la légère de s'être fixée dans le sens de l'inaliénabilité? Nous allons voir le contraire.

Distinguons les arrêts relatifs à des époux se trouvant dans la position normale et ordinaire de la dotalité et ceux qui se réfèrent au cas où il est intervenu un jugement de séparation de biens entre les époux dotaux.

Dans le premier cas tous les arrêts rendus sur la matière nous présentent deux idées saillantes: *aliénabilité* pleine et entière de la dot mobilière, *incapacité* dans la personne de la femme d'en disposer.

D'une part la jurisprudence valide partout la vente des rentes et des créances dotales faites par le mari (rej. 1846, req. 1848). D'autre part cette même jurisprudence annule les actes par lesquels la femme a aliéné ses meubles dotaux ou par lesquels elle a consenti une subrogation à l'hypothèque, garantissant sa créance dotale; s'il s'agit d'obligations contractées par la femme, en vertu desquelles ses créanciers veulent saisir ses meubles dotaux, on juge que la femme était incapable de les engager (rej. 1819, Paris 1820, Agen 1824, Paris 1831, cass. 1837).

Il est vrai et c'est ce qui a donné cours à l'opinion erronée que nous combattons, que ces arrêts donnent l'inexacte qualification d'inaliénabilité des biens à l'incapacité de la femme de disposer de ces biens. Mais pour qui veut s'arrêter aux choses et non pas aux mots, pour qui veut se donner la peine de lire les considérants de quelques-uns des arrêts que nous venons de citer, il ressortira clairement que la jurisprudence ne considère pas les meubles dotaux comme placés hors du commerce.

Voyez en effet l'arrêt de 1846. En signalant comme les autres *le droit de libre disposition du mari*, il nous dit que *si la dot mobilière est inaliénable il s'ensuit seulement que la femme ne peut aliéner ni directement ni indirectement ses droits sur cette dot.*

L'arrêt de 1848, après avoir dit que les immeubles sont proprement inaliénables, nous enseigne que la dot mobilière au contraire *l'est seulement en ce sens que la femme ne peut l'aliéner,* et il termine en ajoutant *que pour tout ce qui est constitué en dot en fait de meubles, le mari a pendant le mariage le droit de libre et entière disposition.*

Les mêmes principes, nous le savons, étaient suivis par la généralité des Parlements, tout en refusant à la femme par application de la règle *mobilia non habent sequelam* le droit de revendiquer les meubles dotaux, aliénés par le mari, ils décidaient que la femme ne peut renoncer à son hypothèque légale, et que les engagements par elle contractés durant le mariage ne sont pas susceptibles d'être exécutés sur ses meubles dotaux. Malgré ces précédents, nous devons reconnaître que le point de départ de notre jurisprudence actuelle sur la question est contestable en lui-même, et en cela nous ne faisons que suivre l'avis de MM. Aubry et Rau, § 537 *bis*, note 5. Les savants professeurs pensent ainsi parce que les travaux préparatoires du code ne fournissent à cet égard aucune induction précise et que le chapitre III du titre du contrat de mariage contient un régime complet de législation sur le régime dotal. Il faut d'ailleurs ne pas perdre de vue, ajoutent-ils, que les prohibitions d'aliéner et de renoncer sont de droit étroit et ne sauraient être admises que sur le fondement de textes positifs, textes qui font complétement défaut en ce qui concerne la dot mobilière. Ils reconnaissent toutefois que le régime dotal avec l'inaliénabilité restreinte aux seuls immeubles resterait incomplet et n'atteindrait qu'imparfaitement le but en vue duquel il a été établi. Ils terminent en disant que cette considération dont il est impossible de contester la justesse en présence de l'accroissement considérable de la fortune mobilière et surtout à raison de l'abrogation du sénatus-consulte Velléien, ne justifie pas sans doute la jurisprudence au point de vue de l'interprétation rigoureuse de la loi, mais qu'elle les explique du moins sous le rapport des exigences pratiques.

Ce que nous venons de dire de l'impossibilité où se trouve la femme mariée sous le régime dotal de subroger à l'hypothèque légale, qui lui garantit la restitution de sa dot mobilière, nous paraît bien rentrer dans l'exception prévue par notre art. 9. Cette manière de décider s'appuie à la fois et sur la jurisprudence des anciens Parlements et sur la jurisprudence actuelle, qui est bien justifiée par les considérations si sérieuses que nous venons de rapporter.

Mais faut-il aller plus loin et décider avec cette même jurisprudence que, quand les époux dotaux sont séparés de biens judiciairement, la femme ne peut pas plus que dans l'hypothèse ci-dessus disposer de sa dot mobilière? C'est ici qu'il faut déplorer l'inexactitude de langage de la jurisprudence; elle s'y est trompée elle-même. Entraînée par l'habitude de qualifier d'inaliénabilité de la dot mobilière l'incapacité de la femme d'aliéner cette dot, la jurisprudence en a déduit cette conséquence (qui serait exacte si la dot mobilière était hors du commerce) que, même après la séparation de biens, la femme ne peut pas plus aliéner sa dot mobilière que sa dot immobilière (rej. 23 déc. 1839, 31 janv. 1842, 7 fev. 1843; cass. 14 nov. 1846; Sir., 40, 1, 242; 42, 2, 110; 43, 1, 282; 46, 1, 824). Est-il besoin de réfuter ces décisions? Mais elles se condamnent elles-mêmes. Les meubles, nous l'avons vu, ne sont pas inaliénables quand ils sont constitués en dot; nous avons en effet établi, la jurisprudence à la main, que le mari peut les aliéner dans l'état ordinaire du régime dotal, en vertu de son droit d'administration. Serait-ce donc que la séparation de biens imprimerait le caractère de l'inaliénabilité à ces biens? Mais n'est-il pas évident que la séparation de biens, au lieu de resserrer les liens de la dotalité, ne fait évidemment que de les relâcher?

Elle transporte du mari à la femme le droit d'administration de ce dernier ; or, si le mari avait, avant la séparation de biens, le droit de disposer de la dot mobilière en vertu de son droit d'administration, qui voudrait dénier ce droit à la femme, si, ce qui est hors de doute, la dot mobilière aliénable avant la séparation de biens, n'est pas placée hors du commerce par cette séparation même ?

Concluons donc que la femme dotale séparée de biens, peut subroger à l'hypothèque légale qui lui assure la restitution de sa dot mobilière, pourvu que ce ne soit pas pour garantir des engagements contractés par elle ou par son mari avant ladite séparation.

Outre les cas où nous dénions à la femme dotale le droit de subroger à son hypothèque légale, il en est un autre encore où nous déciderons de même, c'est celui où, étant mariée sous le régime de la communauté, la femme a mis une portion de ses biens sous la protection du régime dotal. Nous croyons que le régime de la communauté et le régime dotal peuvent être fondus ensemble, en ce sens que les époux peuvent stipuler, en se mariant sous le régime de la communauté, que tout ou partie des biens de la femme sera inaliénable comme sous le régime dotal. Dans une telle situation, la femme ne peut pas plus que si elle était purement dotale, céder l'hypothèque garantissant ceux de ses biens qu'elle aurait ainsi frappés de dotalité (rej. 7 fév., 1855 ; Dal. 55, 1, 114).

Terminons sur cette matière en disant que, tout en étant mariée sous le régime dotal, la femme pourrait valablement subroger à l'hypothèque légale garantissant ses reprises même immobilières, si elle s'était réservé par son contrat de mariage la faculté d'aliéner ses biens dotaux, de les hypothéquer, de traiter et de transiger sur eux.

Lorsque la femme s'est réservé des pouvoirs aussi étendus par son contrat de mariage, nous croyons qu'elle use précisément de ces pouvoirs en subrogeant à son hypothèque légale. Il ne faut pas oublier cependant que, même lorsque la femme s'est réservé de pareils pouvoirs, toute obligation contractée par elle n'emporte pas de plein droit affectation de ses biens dotaux à la sûreté de son engagement. Du reste, il en doit être de cette dérogation contractuelle à l'inaliénabilité de la dot, comme de celle que crée la loi quand il s'agit de tirer de prison le mari ou la femme, de donner des aliments à la famille ou d'établir les enfants. Dans ce dernier cas, la Cour de sassation décide formellement que le pouvoir d'aliéner ses biens dotaux avec l'autorisation de son mari conféré à la femme par la loi, peut s'exercer par tous les moyens propres à faciliter cet établissement et spécialement par la subrogation à l'hypothèque de la femme, pour garantir les engagements pris par le mari (req. 1er avril 1845; J. P., 45, 1, 555).

Dans ce système comment comprendrait-on que la femme ayant, en vertu d'une clause de son contrat de mariage, le droit d'aliéner et d'hypothéquer ses biens dotaux, n'eût pas, par cela même, le droit de subroger à l'hypothèque légale qui lui assure la restitution de ses biens ?

Il va sans dire enfin, que la femme mariée sous le régime dotal peut dans tous les cas subroger à l'hypothèque légale en tant qu'elle garantit les paraphernaux.

## CHAPITRE II.

### COMMENT LA SUBROGATION A L'HYPOTHÈQUE LÉGALE S'OPÈRE-T-ELLE ?

Nous ne traitons sous cette rubrique que des différentes formes que peuvent affecter les actes par lesquels la femme subroge à son hypothèque légale. Nous ne disons de l'effet de ces actes que ce qui est strictement nécessaire pour les faire comprendre et les différencier, et nous rejetons au chapitre quatrième tout ce qui a rapport aux effets de la subrogation.

La subrogation à l'hypothèque légale de la femme est expresse ou tacite.

Elle est expresse quand, dans un acte, la femme emploie les mots *subrogation*, *subroger* ou des termes équivalents pour faire délégation éventuelle de ses reprises à un tiers. Elle est tacite quand la femme, non par ses paroles mais par sa conduite, manifeste son intention de faire cette délégation.

Aux termes de l'art. 9 de la loi de 1855, la femme peut céder son hypothèque légale ou y renoncer ; la subrogation expresse se présentera le plus souvent sous la forme d'une cession ou d'une renonciation expresse, la subrogation tacite ne pourra résulter que de la renonciation tacite, qui s'induira de certains faits que nous aurons à préciser.

Il ne faudrait pas croire que la loi en se servant des termes de *cession* et de *renonciation*, indique par là deux actes d'une nature différente. Nous verrons, en traitant des effets de la subrogation, que ces actes se ressemblent au fond, qu'ils sont pour ainsi dire équivalents. Quant à présent, nous avons à préciser quelques points qui se rattachent, sous ce rapport, aux deux hypothèses prévues par la loi.

## § 1. *Subrogation expresse.*

### A. *Cession.*

Le premier cas prévu par l'art. 9 est celui de la cession. L'objet peut en être plus ou moins étendu.

En effet, la cession peut avoir pour objet soit la créance elle-même, soit le droit d'antériorité, soit simplement l'hypothèque détachée de la créance.

Les deux premières de ces opérations sont généralement admises; quant à la troisième, elle a trouvé de nombreux adversaires.

#### a. CESSION DE LA CRÉANCE.

La femme cède sa créance, lorsqu'elle déclare dans une obligation qu'elle fait cession, à titre de garantie, de ses reprises et droits matrimoniaux, au profit du créancier envers lequel elle s'oblige. Dans ce cas, l'hypothèque, accessoire de la créance, la suit par voie de conséquence. Elle conserve sa force, son rang, son étendue, sa durée. Il n'y a de changé que le titulaire de la créance qui, à tous égards, prend éventuellement la place de la femme cédante. Cette convention était admise sans conteste avant la loi de 1855; depuis, elle a trouvé un adversaire. M. Grosse (*Comm. ou explic. au point de vue pratique de la loi du 23 mars 1855, n° 274*) soutient que l'art. 9 de cette loi « ayant passé sous silence la cession des reprises matrimoniales fort connue des membres de la commission et n'ayant parlé que de l'hypothèque légale, il y a là condamnation implicite de cette cession.» Cette opinion est-elle fondée? Nous ne le pensons pas.

La loi parle de la cession de l'hypothèque légale ou de la renonciation à cette hypothèque, parce qu'elle envisage l'effet de la convention qui est non pas l'extinction de l'hypothèque, mais le passage de cette sûreté des mains de la femme aux mains des créanciers subrogés. La loi n'a pas voulu autre chose; elle n'a proscrit aucun des modes suivant lesquels la subrogation s'était produite jusqu'à elle, comme l'ont dit ses rédacteurs, elle n'a rien changé aux droits des femmes. La femme a certainement le droit si son régime matrimonial n'y fait pas obstacle de céder ses créances ou ses reprises et droits matrimoniaux. Quand donc la femme use de ce droit, elle transporte valablement à son cessionnaire sa créance et l'hypothèque qui la garantit.

### b. CESSION DE L'ANTÉRIORITÉ.

La cession d'antériorité a lieu quand la femme, sans céder sa créance, cède purement et simplement son rang hypothécaire, quand, en traitant avec un créancier hypothécaire de son mari, elle consent, à titre de garantie, à faire profiter la créance de ce dernier de son rang hypothécaire de femme mariée. Ce créancier, quoique postérieur en date, primera la femme sur le prix des immeubles appartenant au mari.

Lorsque la femme se désiste ainsi de son rang, en faveur d'un créancier du mari qui vient immédiatement après elle, il y a simple interversion de rangs.

Si la femme cède son rang à un créancier qui est séparé d'elle par un ou plusieurs créanciers intermédiaires, le cessionnaire ne sera substitué à sa cédante que dans la mesure de la créance de cette dernière, la femme elle-même ne sera colloquée qu'après les créanciers intermédiaires, auxquels la cession d'antériorité ne doit ni nuire ni profiter.

### *c*. CESSION DE L'HYPOTHÈQUE.

Enfin, la femme peut, en conservant sa créance, ₁céder son hypothèque seulement; c'est ce qui arrive orsque l'hypothèque légale est détachée de la créance qui, d'hypothécaire qu'elle était, peut être réduite par l'insuffisance du gage aux simples effets d'une créance chirographaire, par cela seul que l'hypothèque légale va s'adjoindre à une autre créance qui par conséquent cesse d'être chirographaire pour devenir hypothécaire. Il y a cette différence entre la cession de l'antériorité et la cession de l'hypothèque, dont nous nous occupons maintenant, que la première ne peut avoir lieu qu'au profit d'un créancier hypothécaire du mari, tandis que la seconde peut s'effectuer au bénéfice d'un créancier simplement chirographaire; mais toujours faut-il que le mari soit débiteur de celui auquel la femme cède son hypothèque sans la créance.

Nous avons dit déjà plus haut que la cession de l'hypothèque sans la créance était vivement contestée avant la loi de 1855; si depuis cette loi l'opinion contraire à celle que nous adoptons n'avait pas encore trouvé des partisans qui, en soutenant que l'art. 9 ne permet pas cette convention, laissent debout les arguments dont on se servait pour la combattre, nous pourrions nous borner à établir, l'art. 9 à la main, que rien n'est plus licite que la cession de l'hypothèque sans la créance; mais l'état des choses étant tel, nous ne pouvons abandonner cette question sans dire un mot des divergences qu'elle a fait naître.

M. Benech (n° 18) nous apprend que les anciens auteurs qui avaient examiné cette question avec le plus grand soin, l'avaient résolue en faveur de l'affirmative (voy. les noms des auteurs cités dans Olea, *De cess. jur.*, t. VI, quest. VI, n° 11, et dans Merlinus, *De pign. et hyp.*, liv. IV, t. IV, n° 5).

Quelques jurisconsultes résistaient à cette opinion, mais ils étaient en minorité (ainsi elle n'était admise ni par Cynus, Merlinus *ibid.*, ni par Jacobus de Arena, *De cess. jur. et act.*, 58).

Il importe de remarquer, ajoute le savant et regrettable professeur, que les auteurs qui se prononçaient en faveur de la disjonction facultative enseignaient en même temps que, si la créance de laquelle l'hypothèque avait été détachée venait plus tard à s'éteindre, le cessionnaire se trouvait privé de l'efficacité de la cession (voy. Barth. sur le titre des *Pand. de mand. et fidej.*, et sur la loi *Fidej. obligari.* Les autres docteurs suivaient son opinion, comme on le voit dans l'annotation de Barthole et dans Neguzantius, *De pign. et hyp.*, p. 216, édit. in-8°).

C'était précisément parce que cette disjonction n'avait qu'un caractère tout à fait précaire à cause des éventualités dont il vient d'être parlé, que certains docteurs professaient qu'elle n'est pas licite.

Jacobus de Arena, dans son traité *De cess. jur.*, n° 58, disait : « *Addo ego optimam rationem pro eo quod cedi non possit, qua semper cedens realem retenta personali posset revocari ipsam quam cessit, et cessionem infringere, veluti extinguendo personalem, quia sublato*

*principali extinguitur accessorium, ut c. de usuris l.
eos, j. respon. et sic posset et etiam post litis contesta-
tionem et post denuntiationem, vel partis solutione re-
vocare cessionem, quod esset contrà. l. c. de novat., l. 2.*
Depuis le Code Napoléon et même après la loi de 1855,
nous voyons les sommités de la science se partager sur
cette question.

Les partisans de la négative sont Zachariæ et MM. Aubry et Rau (t. II, § 288, note 1, édit. 1839), Benech
(n^os 16-19), MM. Mourlon (*De la subr.*, p. 585 et suiv.)
et Bertauld (n^os 3-15). Ceux de l'affirmative, sont
MM. Champ. et Rigaud (*Traité des droits d'enregist.*,
t. II, n° 1135), Valette (*Des priv.*, p. 209), Pont
(n° 459), Troplong (*Transcript.*, n^os 327 et suiv.), Martou (*Des priv. et hyp.*, n° 932).

M. Bertauld (n° 3) nous dit qu'il ne saurait admettre
qu'il soit donné à la volonté de l'homme de faire subsister l'hypothèque à part, séparément du principal
dont elle était l'accessoire, de la faire vivre au moins
un instant de raison d'une vie à elle propre, pour la
faire l'objet d'un contrat. Ce pouvoir, dit-il, n'appartient qu'à la volonté souveraine de la loi, il a été exercé
dans les art. 1250, 1251 et 1278 du Code Napoléon.
Les art. 1250 et 1251 c'est l'ancien *beneficium ceden-
darum actionum* limitativement déterminé. L'art. 1278
qui permet dans le cas de novation par substitution
d'une dette à une autre dette sans changement de débiteur, d'attacher à la créance naissante des hypothèques
plus anciennes qu'elle, est encore une faculté en dehors du droit commun, une création exorbitante. Mais
ces exceptions législativement introduites ne peuvent
être contractuellement étendues.

Avant la loi de 1855, nous nous serions incliné devant cette argumentation, si elle avait établi à nos yeux l'incessibilité de l'hypothèque sans la créance. Depuis cette loi, il n'en est plus de même, car nous croyons que l'art. 9 est décisif en notre faveur.

Mais faisons abstraction pour un instant de notre art. 9, et voyons quelle est la portée de l'argumentation du savant professeur, eu égard à la question de savoir si l'hypothèque peut ou non être cédée sans la créance.

Nous trouvons à la vérité une parfaite analogie entre les dispositions des art. 1250, 1251 et 1278 du Code Napoléon. Nous comprenons qu'il ait fallu que le législateur intervienne pour maintenir l'existence à l'hypothèque dans le cas de paiement avec subrogation, pour qu'il ne la lui maintienne que du consentement du débiteur dans le cas de novation. Pourquoi ? parce que dans l'hypothèse des art. 1250 et 1251, la créance qui est le principal, étant éteinte par le paiement, entraînerait avec elle l'extinction de l'hypothèque, qui n'est que l'accessoire sans la loi qui, au moyen d'une *fiction*, *suppose* que la créance *éteinte* entre le débiteur et le créancier primitif, *revit* dans les rapports du subrogé avec le débiteur, parce que dans le cas de l'art. 1278, celui de novation par la substitution d'une dette à une autre sans changement de débiteur, la première dette est complétement éteinte avec ses accessoires, elle ne revit plus même en vertu d'une fiction légale, elle est *remplacée* par une autre dette ; voilà pourquoi il faut que le débiteur consente une seconde fois l'hypothèque pour qu'elle existe de nouveau. Mais que ressort-il de tout cela ? Que l'extinction du principal entraîne celle de tous ses accessoires, si la loi n'a décidé le contraire ;

voilà tout, voilà comment il faut entendre « qu'il n'est pas donné à la volonté de l'homme de faire subsister l'hypothèque à part, séparément de la créance.» Mais cela veut-il dire le moins du monde qu'un créancier hypothécaire ne puisse séparer de sa créance, qui subsiste toujours, son hypothèque qui va s'adjoindre à une créance chirographaire qui existe déjà? Le principal, dont l'hypothèque était d'abord l'accessoire, cesse-t-il un instant d'exister? L'accessoire cesse-t-il un instant de raison de garantir une créance principale?

L'argumentation de M. Bertauld ne prouve donc autre chose, sinon que l'extinction de la créance entraîne celle de l'hypothèque, à moins que la loi n'en ait autrement disposé; elle n'établit nullement que l'accessoire est incessible quand le principal subsiste, et pour invalider la cession de l'hypothèque sans la créance: c'était là cependant ce qu'il fallait démontrer.

Puis quand il en vient aux n^os 8 et suiv. à examiner la question à fond, le savant auteur établit un premier point sur lequel nous sommes d'accord avec lui, à savoir : que la subrogation à l'hypothèque légale de la femme, quand elle est faite au profit de créanciers qui n'ont pas le mari pour obligé, emporte transmission des créances auxquelles cette hypothèque est attachée. La transmission de l'accessoire sans le principal serait en effet sans utilité pour le subrogé, car pour que ce dernier puisse devenir créancier du mari avec lequel il n'a pas traité, il est indispensable que la femme subrogeante cesse elle-même d'être créancière. Ce point nous paraît incontestable, aussi nous empressons-nous de dire, avant d'établir directement la validité de la convention que nous examinons, qu'il n'entre pas dans notre pensée que la femme ou un autre créancier hypothécaire puisse subroger dans son hypothèque un tiers qui ne soit pas déjà créancier de celui dont les biens sont frappés d'hypothèque.

Arrivé au dernier terme de la difficulté, la cession de l'hypothèque au profit d'un créancier chirographaire du mari, M. Bertauld n'annule pas cette convention, comme Zachariæ, MM. Aubry et Rau, Mourlon et Benech; il n'y voit plus une cession de l'accessoire sans le principal, une hypothèque en sous-ordre proscrite par le Code; il donne à cette convention le même effet que nous lui reconnaissons, mais il arrive à ce résultat par une autre voie que nous.

Plutôt que de voir une subrogation transmissive de telle ou telle substance, suivant que le subrogé serait ou ne serait pas étranger au mari, plutôt que de voir une même expression désigner deux faits juridiques différents, l'un régulier normal, application de ce principe : *Creditor potest libere de ipso nomine disponere, et illud cum suis accessoriis;* l'autre *exorbitant contraire à la raison et à la nature des choses* (nous ne savons si l'auteur l'a prouvé!). M. Bertauld, dans l'hypothèse d'une cession de l'hypothèque en faveur d'un créancier chirographaire du mari, comme dans celle d'une semblable cession à un tiers étranger au mari, nous dit que la créance dotale est éventuellement transportée avec la prérogative hypothécaire; il s'explique, du reste, l'opinion de ceux qui croient licite la transmission de l'hypothèque sans la créance, par la raison que ces jurisconsultes ont cru sans doute reconnaître le droit ancien de la femme dans l'indemnité de l'engagement qu'elle contracte, indemnité prenant naissance éventuellement avec l'engagement lui-même, en conformité de l'art. 2135, n° 2, 3° al., cbn. art. 1431 du Code Napoléon.

Mais pour qu'une pareille indemnité, une *nouvelle créance*, puisse prendre naissance au profit de la femme, il faudrait, comme M. Bertauld l'affirme sans le prouver, que la femme transférât sa créance en même temps que l'hypothèque, alors même qu'elle ne consent à céder que l'hypothèque sans la créance. Et sur quoi, je le demande, pourrait-on se fonder pour arriver à un pareil résultat ? Apparemment ce n'est pas sur la volonté de la femme, qui, en déclarant ne vouloir céder que l'hypothèque sans la créance, a bien clairement manifesté sa pensée ? Serait-ce peut-être sur la loi ? En vérité, la tentative ne serait pas heureuse ; la loi peut bien annuler nos conventions, quand elles sont contraires à ses prescriptions (art. 6), mais elle n'a pas le pouvoir de les modifier.

De tout ce que nous avons dit jusqu'ici, il résulte à nos yeux qu'en l'absence de toute disposition législative prohibant la cession de l'hypothèque sans la créance, cette convention était parfaitement valable avant la loi de 1855, puisque l'hypothèque n'est pas un droit incessible.

Il nous reste à voir maintenant quel est l'état de la question depuis l'art. 9 de la loi sur la transcription.

L'opération que nous examinons, après avoir été si vivement controversée dans les écrits des auteurs, a nécessairement attiré l'attention du législateur toutes les fois qu'il s'est agi d'introduire un changement dans notre régime hypothécaire.

Dans les travaux préparatoires d'une pareille réforme

provoqués et publiés par M. Martin du Nord, deux facultés de droit, celle de Strasbourg et celle de Caen, proposèrent de trancher la question dans un sens prohibitif (t. II, p. 471 et t. III, p. 403). La faculté de Rennes seule déclara notre convention licite.

Lorsque huit ans plus tard, en 1849, la réforme s'élabora devant l'assemblée législative, la commission fut d'avis de modifier un article du projet du gouvernement, qui admettait qu'un créancier hypothécaire « peut céder son hypothèque ou son droit d'antériorité, » et qui exigeait seulement dans ce cas un acte authentique.

Nous croyons nécessaire de rapporter le texte complet des différentes rédactions.

1° *Projet du gouvernement*, art. 2139. Le créancier à qui l'hypothèque a été consentie, ses héritiers ou ayants cause, pourront céder cette hypothèque ou son rang d'antériorité, mais seulement par acte authentique.

Les cessionnaires n'en seront néanmoins saisis à l'égard des créanciers des cédants que par la mention qui sera faite de la cession en marge de l'inscription de cette hypothèque (*Impressions de l'assemblée législ.*, n° 915, p. 28, t. IX).

2° *Projet de la commission législative*, art. 2159. Le cessionnaire de toute créance privilégiée ou hypothécaire et la personne valablement subrogée dans ladite créance, exerceront sur l'immeuble les mêmes droits que les cédants ou subrogeants.

Le cessionnaire ou subrogé par acte authentique pourra faire mention en marge de l'inscription prise par son auteur du titre par lequel la cession ou subrogation aura été effectuée. L'effet de cette mention sera d'empêcher que, postérieurement à sa date, l'inscription puisse être rayée au préjudice du cessionnaire ou subrogé (*Compte rendu des séances de l'assemblée législative*, t. VII; annexes, p. 151).

3° *Projet du Conseil d'État*, art. 2142. Le créancier à qui l'hypothèque a été consentie, ses héritiers ou ayants cause pourront céder leur créance hypothécaire ou leur rang d'antériorité, mais seulement par acte authentique.

Les cessionnaires des créances hypothécaires ne seront néanmoins saisis, à l'égard des tiers, que par la mention en marge de l'inscription de la cession et de la notification prescrite par l'art. 1690. Si le rang d'antériorité seul a été cédé, la mention de cette cession en marge de l'inscription suffira (*Impressions de l'assemb. législ.*, annexes au n° 915, p. 40, t. XXVIII).

M. de Vatimesnil motiva ainsi les modifications que la commission de l'Assemblée législative voulait faire subir au projet du gouvernement : « La commission ne croit pas devoir admettre ce genre de cession, qui lui paraît contraire aux principes et sujet à de graves inconvénients. »

*Contraire aux principes*, car l'hypothèque, étant un accessoire, est naturellement transmise en même temps que la créance dont elle forme la sûreté, mais on ne conçoit pas bien qu'elle puisse être détachée de la créance pour être cédée isolément.

*Sujet à de graves inconvénients;* car sous le système que nous combattons le créancier qui aurait hypothèque sur plusieurs immeubles pourrait, en conservant sa créance et son hypothèque sur un des immeubles, faire une sorte de trafic très-fâcheux de cette même hypothèque, en tant qu'elle frapperait sur les autres immeubles (*Compte rendu des séances de l'Assemblée législative*, t. VII, annexes, p. 137).

Le Conseil d'État dirigea les mêmes critiques contre l'article du projet et au lieu de « le créancier et ses ayants cause pourront céder leur hypothèque ou son rang d'antériorité » il proposa de mettre « céder leur créance hypothécaire ou leur rang d'antériorité. »

M. Bethmont expliqua ce changement en disant : « Le projet paraît admettre qu'un créancier hypothécaire pourra céder son hypothèque sans sa créance. Une semblable cession ne se conçoit pas. On doit donc exprimer formellement la faculté de céder la créance hypothécaire, mais non la faculté de céder l'hypothèque comme un droit distinct détaché de l'obligation. » (Rapport de M. Bethmont, p. 49 et 53).

Nous avons déjà répondu au premier motif de M. de Vatimesnil à l'unique objection de M. Bethmont en combattant M. Bertauld sur la prétendue impossibilité de céder l'hypothèque sans la créance « parce que ce serait là une convention exorbitante, contraire aux principes et à la raison. » Nous avons dit déjà que de ce que l'hypothèque ne peut exister sans une créance à laquelle elle serve de garantie il n'est pas juste de conclure que cette hypothèque soit incessible ; et ce dernier point personne ne l'a établi. M. de Vatimesnil comme M. Bethmont se contente de dire qu'une pareille cession ne se conçoit pas. Nous avouons pour notre part que notre raison ne s'offusque nullement de voir l'hypothèque passer d'une créance qui continue de subsister à une autre créance. Mais ce que nous concevons moins, c'est l'explication de M. de Vatimesnil sur les inconvénients que selon lui peut engendrer la cession de l'hypothèque sans la créance. Comment en effet peut-on soutenir sérieusement que celui qui aurait hypothèque sur plusieurs immeubles pourrait, en conservant sa créance et son hypothèque sur quelques-uns de ces immeubles, faire une sorte de trafic très-fâcheux de cette même hypothèque, en tant qu'elle frapperait sur les autres immeubles?

«Ne serait-ce pas par irréflexion» dit M. Troplong (*Transcript.*, n° 329) «qu'une pareille assertion est sortie de la plume de l'habile rapporteur de la commission de l'Assemblée législative? Une hypothèque reçoit au moment de sa constitution une mesure, des limites, des conditions d'existence, que le créancier n'a pas le pouvoir d'élargir et d'étendre; établie pour sûreté d'une somme déterminée elle ne pourra jamais garantir le paiement d'une somme plus considérable lors même que les immeubles grevés auraient plus de valeur qu'il ne le faut pour la créance primitivement garantie. Chaque immeuble ne répond de la somme fixée que sous la condition que les autres immeubles ne la procureront pas. Il semble donc que les inconvénients signalés sont chimériques. On invente des principes inconnus, l'on se crée des craintes exagérées pour enlacer la liberté des conventions et le crédit dans des entraves incompréhensibles.» Depuis la loi de 1855 la controverse sur ce point de droit ne paraît guère possible.

Lors de l'élaboration du projet du 1849 la question avait été nettement posée, et elle ne pouvait plus passer sous silence. Or, l'art. 9 de la loi de 1855 tranche la question d'une manière absolue en supposant que l'hypothèque peut être cédée par la femme principalement, et indépendamment de la créance dont elle est l'accessoire. Si la femme peut céder son hypothèque légale ou y renoncer en faveur d'un créancier, pourquoi les autres titulaires d'une hypothèque ne le pourraient-ils pas faire également? Ils le peuvent *à fortiori*, car si un doute pouvait exister, ce serait moins à leur égard qu'à l'égard de la femme qui tient son hypothèque d'une faveur toute spéciale de la loi.

M. Benech croit cependant pouvoir enseigner (n°s 18 et suiv.) que par son art. 9 la loi de 1855 a voulu consacrer les réformes que l'Assemblée législative avait adoptées dans sa séance du 20 février 1851 (t. XII, p. 233 du compte rendu). Le savant auteur pense que les mots «*cession d'hypothèque*» ne visent que la convention connue sous le nom de *cession d'antériorité*, et il ne donne aucun effet à la cession de l'hypothèque au profit d'un créancier chirographaire. Mais il suffit de rapprocher notre art. 9 de l'art. 2139 du projet du gouvernement, et 2159 de la commission de l'Assemblée législative de 1851 pour voir que la rédaction de notre article se rapproche beaucoup de celle du projet du gouvernement (de 1849), lequel était favorable à la cession de l'hypothèque sans la créance, et qu'elle s'écarte au contraire tout à fait de la rédaction que l'Assemblée législative avait substituée en vue de proscrire cette espèce de cession.

Ajoutons que le projet de loi présenté au Corps législatif en 1855, était ainsi conçu : «Les femmes ne peuvent céder leurs droits à l'hypothèque, et y renoncer, etc., ce qui pouvait s'interpréter dans le sens des pensées restrictives de l'Assemblée législative. Mais la commission du Corps législatif fit subir à ce projet un changement de rédaction qui a mis le texte dans l'état où il est aujourd'hui, «afin,» disait M. de Belleyme, «de bien établir que la loi n'a pas pour but de modifier en quoi que ce soit la législation relative aux droits de la femme mariée en matière de cession ou de renonciation à une hypothèque légale. »

Le texte primitif et non amendé de notre art. 9, comparé avec les textes de l'Assemblée législative et du Conseil d'État de 1850, prouve l'importance de l'observation de M. de Belleyme, organe de la commission du Corps législatif. Cette commission savait que la rédaction proposée prêtait à la condamnation de la cession de l'hypothèque, car cette rédaction était calquée sur des textes qui, expliqués par d'autres textes du même ensemble, arrivaient à proscrire positivement ce genre de cession. Il fallait donc recourir à une formule différente pour éviter les équivoques, pour couper court à des rapprochements trompeurs et pour maintenir la pratique des tribunaux dans ses plus constants usages. C'est ce qui a été fait par l'amendement du Corps législatif adopté par le Conseil d'État (Tropl., *op. cit.*, n° 331).

Et maintenant que nous connaissons l'esprit qui a présidé à la rédaction si précise de notre art. 9, n'est-il pas évident que c'est dans le sens de la validité de la cession de l'hypothèqne sans la créance que le législateur de 1855 s'est prononcé.

### B. *Renonciation.*

La seconde hypothèse prévue par l'art. 9 de la loi de 1855 est celle de la renonciation. La loi suppose que la femme, au lieu de faire une cession directe de son hypothèque, se borne à y renoncer, et confirmant en cela les données de la pratique, elle voit dans une pareille renonciation une subrogation à l'hypothèque légale de la femme.

Si la renonciation est expresse, la subrogation le sera aussi ; si elle est tacite, il en sera de même de la subrogation.

La femme peut renoncer à son hypothèque légale en faveur des mêmes personnes auxquelles elle pourrait la céder directement. Une pareille renonciation faite au profit d'un créancier chirographaire du mari sera donc valable, puisque la cession directe de l'hypothèque le serait aussi.

MM. Aubry et Rau (§ 288, édit. 1839) n'admettent pas que l'hypothèque puisse être transmise indépendamment de la créance qu'elle garantit. « Ainsi », nous disent-ils, « la déclaration de cession ou de subrogation qui n'est point faite par suite du transport de tout ou partie des créances garanties par l'hypothèque légale, ne peut être considérée que comme *une renonciation de la part de la femme à faire valoir cette hypothèque contre le créancier au profit duquel a eu lieu la déclaration de cession ou de subrogation*. »

Les créanciers du mari en faveur desquels la femme a ainsi renoncé à son hypothèque légale ne jouissent, les uns à l'égard des autres d'aucun droit de préférence, à moins qu'ils n'aient en même temps hypothèque sur le mari.

Plus loin, à la note 2 dudit paragraphe, ils ajoutent à propos de la renonciation : « Le créancier purement chirographaire au profit duquel la femme a renoncé à son hypothèque légale, n'acquiert aucun droit de préférence par suite de cette renonciation, qui ne lui confère qu'un droit personnel contre la femme. Tous les créanciers chirographaires au profit desquels ont eu lieu de pareilles renonciations, se trouvent donc sur la même ligne, quelle que soit la date de la renonciation dont ils se prévalent. Au contraire, lorsque la femme renonce à son hypothèque légale dans l'intérêt d'un créancier hypothécaire du mari, la renonciation emporte *virtuellement* en faveur de ce créancier cession de la priorité du rang hypothécaire de la femme. Le droit de priorité qui fait l'objet de cette cession (virtuelle) venant s'incorporer à un droit hypothécaire préexistant, participe nécessairement de la nature de ce droit réel, et dès lors la femme ne peut plus en neutraliser les effets par de nouvelles renonciations. »

M. Bertauld ne s'explique pas la théorie que nous venons de rappeler. « Au premier aspect, dit-il (n° 18), il est difficile de découvrir pourquoi dans la doctrine de MM. Aubry et Rau la renonciation *in favorem* au profit d'un créancier chirographaire n'a aucun effet investitif, tandis que cet effet se produit au profit d'un créancier hypothécaire. »

Il semble que dans les deux cas le droit de la femme soit transporté. « Non, disent MM. Aubry et Rau, car dans le cas où la renonciation est stipulée par un créancier chirographaire, le droit de préférence de la femme ne rencontre pas d'hypothèque à laquelle il puisse s'attacher. Quand, au contraire, la renonciation est stipulée par un créancier hypothécaire, le droit de priorité, qui fait l'objet de la cession, vient s'incorporer à une hypothèque préexistante. »

« Mais, continue M. Bertauld, qu'est-ce que la cession d'un droit de priorité ? Si c'est la cession de la
créance hypothécaire de la femme, cette cession est
valable par elle-même : elle a une efficacité qui lui est
propre ; elle n'a pas besoin de trouver une hypothèque
à fortifier. Dès lors elle peut intervenir au profit d'un
créancier chirographaire. Il est bien évident que MM. Aubry et Rau n'attribuent pas à la cession de rang, à la
cession de priorité, l'effet d'une cession de la créance
hypothécaire de la femme, autrement leur distinction
serait inexplicable. Cependant la cession de priorité ne
peut pas être pour eux la cession d'une hypothèque détachée de la créance, puisqu'ils n'admettent, pas plus
que nous, que l'hypothèque, considérée comme ayant
une existence solitaire, puisse être l'objet d'une transmission contractuelle. D'ailleurs, si la cession d'une
hypothèque séparée de la créance dont elle était originairement la sûreté était valable, pourquoi cette cession ne pourrait-elle être faite qu'au profit d'un créancier ayant déjà une hypothèque ? Cependant s'il n'y a
pas de cession, comment l'ordre de date des renonciations faites au profit de divers créanciers hypothécaires
détermine-t-il l'ordre de préférence dans le cas même
où cet ordre est l'ordre inverse de l'ordre des titres
constitutifs de l'hypothèque ? »

Il est bien évident d'abord, que MM. Aubry et Rau
n'attribuent pas à la cession de rang l'effet d'une cession
de la créance hypothécaire ; pour le prouver, nous n'a-
vons qu'à nous reporter à cette phrase du § 288, que
nous avons soulignée, et où il est dit : « La déclaration
de cession ou de subrogation qui n'est pas faite par
suite du transport de tout ou partie des créances ga-

ranties par l'hypothèque légale, ne peut être considérée que comme une renonciation de la part de la femme
à faire valoir cette hypothèque contre le créancier au
profit duquel a eu lieu la déclaration de cession ou de
renonciation. »

Là est la base de la théorie des savants professeurs;
nous allons la mettre en lumière par un exemple.
Supposons que Primus, mari de Secunda, ait pour
créanciers hypothécaires :

1° Secunda.

2° Tertius.

3° Quartus.

Secunda renonce à son hypothèque légale en faveur
de Quartus sans lui transférer sa créance; par cette
convention, Secunda renonce à faire valoir son hypothèque contre Quartus, qui viendra au nom de Secunda
toucher la collocation de cette dernière. Si le montant
de la collocation de Secunda dépasse les prétentions de
Quartus, Secunda, qui ne s'était pas engagée envers
Tertius, le primera pour le surplus et sera primée par
lui pour la somme touchée par Quartus.

Il n'y a pas davantage, selon MM. Aubry et Rau,
cession de l'hypothèque sans la créance, il y a simple
abstention de la femme. Au profit d'un créancier hypothécaire, une pareille abstention emporte, à la vérité,
cession *virtuelle* de la priorité, mais le créancier chirographaire, lui qui n'a pas de rang, ne peut pas obtenir
cette cession virtuelle par l'abstention de la femme, et
cela précisément parce que, selon MM. Aubry et Rau,
la cession de l'hypothèque sans la créance n'est pas valable.

Sans admettre cette doctrine, reconnaissons du moins

qu'elle est logique et que le reproche que lui adresse M. Bertauld, n'est pas fondé.

Nous en dirons autant de l'assentiment que M. Benech (n° 22) donne à la critique de M. Bertauld; nous sommes en vérité très-surpris de voir M. Benech, qui n'admet pas la cession de l'hypothèque sans la créance, qui n'admet pas davantage (n° 19 in fin.) qu'on puisse raisonnablement supposer des échanges possibles entre des créances ordinaires et les créances de la femme, qui par leur nature même répugnent à ces sortes de contrats, vienne nous dire à la fin du n° 22 en combattant MM. Aubry et Rau : « C'est précisément parce que l'hypothèque viendrait s'appliquer à une créance chirographaire qu'elle produirait en faveur de cette créance des effets plus importants. »

Que conclure encore une fois de ces divergences entre les partisans de l'incessibilité de l'hypothèque sans la créance? C'est que ce prétendu principe d'incessibilité de l'hypothèque n'en est pas un, et ce qui le prouve c'est que chacun des auteurs partis de ce principe arrive à des conclusions diamétralement opposées à celles des autres.

### § 2. *Subrogation tacite.*

La subrogation tacite résulte, comme nous l'avons dit plus haut, de la renonciation tacite.

Si sur ce point il y a divergence entre les opinions, il ne faut pas s'en étonner, car la renonciation tacite est dans le domaine de l'induction. Il faut apprécier l'acte duquel on prétend la faire ressortir et décider si les engagements qui y sont pris par la femme impliquent de sa part volonté d'abdiquer les sûretés hypothécaires sur son mari et d'y subroger celui envers lequel elle s'oblige.

Les actes qui ont donné lieu à ces discussions sont peu nombreux, ce sont toujours les mêmes : *a*) l'obligation solidaire de la femme; *b*) son concours soit à la vente, soit à l'affectation hypothécaire d'un immeuble du mari ou de la communauté; *c*) son intervention à une obligation prise par le mari avec affectation hypothécaire, sans concours de sa part à elle, à la constitution de l'hypothèque.

Reprenons ces différentes circonstances, en suivant les vicissitudes qu'elles ont tour à tour éprouvées dans la jurisprudence et en examinant les difficultés qui s'y rattachent accessoirement.

### a) *Obligation solidaire.*

Lorsque la femme s'oblige solidairement avec son mari envers un créancier auquel il n'est pas donné d'hypothèque, tous les auteurs sont d'accord pour proclamer avec la jurisprudence actuelle qu'elle ne renonce pas tacitement à son hypothèque légale en faveur de ce créancier.

Il n'en a pas toujours été ainsi, et le 2 juin 1823 la Cour de Limoges a jugé le contraire dans une espèce où deux époux avaient acheté un immeuble et s'étaient obligés solidairement au paiement du prix, mais sans consentir aucune hypothèque pour sa sûreté.

La Cour de Limoges avait décidé qu'une *obligation solidaire équipollait* à une cession de droits hypothécaires de la femme sur son mari. Cet arrêt fut déféré à la censure de la Cour de cassation, mais le pourvoi fut rejeté par arrêt du 17 avril 1827 (D., Rep., v° *Priv. et*

*hyp.*, p. 272) avec approbation de la solution donnée
par la Cour de Limoges.

M. Troplong (*Priv. et hyp.*, t. II, n° 603) s'élève
contre ces décisions. « Il est clair, dit-il, qu'une pareille interprétation n'est qu'une torture donnée au
sens des actes, c'est deviner et non juger. »

Comment, en effet, le créancier peut-il se prétendre
subrogé à l'hypothèque légale de la femme, puisqu'il
n'a pas même songé à s'assurer pour lui-même une
hypothèque sur les biens du mari? Une obligation, quoique solidaire, n'en est pas moins une obligation simplement personnelle. Elle ne donne d'autre droit au
créancier de la femme que celui de se faire colloquer
en sous-ordre au rang de sa débitrice comme exerçant
ses droits en vertu de l'art. 1166 (Orléans, 24 mai
1348, J. P., t. II, 1848, p. 57).

Il est vrai que les créanciers qui ont pour obligés
le mari et la femme, priment en usant de l'art. 1166
sur la collocation de la femme, ainsi qu'elle l'aurait fait
elle-même, les créanciers qui ont le mari seul pour
obligé. A cet égard il n'y a pas de différence entre les
droits résultant de l'art. 1166 et ceux que produirait la
subrogation. Mais il y en aurait une très-grande entre
ces deux modes de collocation, si en présence des premiers créanciers se trouvaient des créanciers postérieurs, ayant aussi pour obligés le mari et la femme.
L'art. 1166 ne donne aucun droit de préférence aux
premiers sur les derniers.

Enfin, si après s'être engagée solidairement la femme
avait consenti subrogation à son hypothèque légale, les
créanciers solidaires qui n'ont à leur disposition que
l'art. 1166, sauf à recourir à l'art. 1167 s'il y avait lieu,

seront primés par les subrogés à l'hypothèque de la femme.

L'opinion que nous soutenons est consacrée par de nombreux arrêts (Colmar, 23 août 1842; J. P., 1843, t. I, p. 107; Orléans, 24 mai 1848; Paris, 8 août 1851; J. P., t. II, 1851, p. 231, etc). Voyez dans ce sens, Grenier, t. I, n° 254; Proudhon, V, n° 2334; Persil, *Reg. hyp.*, *quest.* 2121, n° 20, et 2144, n° 9; Zachariæ, t. II, § 238, note 8; Troplong, *Priv. et hyp.*, t. II, n° 603; Bertauld, n°s 2 et 51; Benech, n° 24; Mourlon, p. 612; Gauthier, n° 583).

Il faut décider de même que le jugement de condamnation qu'un créancier pourrait obtenir plus tard contre le mari et la femme obligés solidairement et qui lui conférerait contre eux une hypothèque judiciaire, ne lui ferait pas acquérir subrogation à l'hypothèque de la femme (Cass., 27 nov. 1834; Paris, 2 janv. 1836, Dev., 36, 2, 149). C'est avec grande raison qu'il est dit dans l'arrêt de 1836 que : « Le jugement confirmatif de la créance n'en change pas la nature; l'hypothèque qui en résulte donne bien au créancier un droit sur les biens de la femme, mais ne peut donner de privilége sur la créance qu'elle a sur les biens de son mari, créance purement mobilière et sur laquelle on ne peut avoir de préférence qu'au moyen d'un transport ou d'une cession » (*Sic* Grenier, I., n° 254). Nous ne nous arrêtons pas aux derniers mots de cette citation, nous savons que la subrogation à l'hypothèque de la femme qui n'est pas une cession donne ce droit de préférence.

Mais que dire d'un jugement d'expédient rendu par un juge de paix, par exemple, dont les parties ont prorogé la juridiction?

Un pareil jugement fera-t-il acquérir la subrogation au créancier? Nous ne le pensons pas davantage. Et qu'on ne vienne pas nous objecter que l'hypothèque judiciaire doit avoir les mêmes effets que l'hypothèque conventionnelle; que si, comme nous le verrons bientôt, l'obligation solidaire souscrite avec affectation hypothécaire emporte subrogation, il en doit être de même lorsqu'une hypothèque vient s'adjoindre à l'obligation solidaire en vertu d'un jugement de condamnation. Nous répondons qu'il y a cette différence entre les actes notariés et les jugements, que les premiers sont le résultat de la volonté libre des parties, et les seconds la suite forcée des circonstances, que dans une question de ce genre où l'on ne peut raisonner que par analogie, on ne saurait être trop sévère pour admettre la subrogation et qu'on doit la rejeter toutes les fois qu'on peut supposer à une femme une autre intention.

Lorsque la femme s'est obligée solidairement avec son mari, l'art. 2135, al. 2, n° 3, crée à l'instant même de l'engagement une hypothèque légale pour garantir l'indemnité à laquelle elle aura droit en vertu de l'art. 1431, si un jour elle est forcée d'acquitter la dette qu'elle a contractée avec son mari. Ceci posé, nous nous demandons si, lorsqu'un ordre est ouvert sur le mari, le créancier envers lequel la femme s'est obligée solidairement, sans consentir en sa faveur subrogation à l'hypothèque légale, a le droit de se faire colloquer actuellement, en vertu de l'art. 1166, au rang que la femme peut elle-même réclamer éventuellement, pour se faire indemniser de l'obligation qu'elle a contractée avec le mari dans son intérêt ou dans celui de la communauté? Nous savons, en effet, que même avant d'avoir payé, même avant d'être poursuivie, si le mari est en faillite ou si la dette est échue, la femme comme caution (art. 1431) peut réclamer une collocation éventuelle sur le prix des biens du débiteur principal, son mari.

Tout d'abord, il est certain que la femme ne pourrait pas subroger un tiers dans cette hypothèque éventuelle au préjudice du créancier envers lequel elle s'est obligée, car le tiers subrogé à la femme n'aurait droit à la collocation qu'aux conditions auxquelles la femme y aurait droit elle-même, à savoir : à charge de procurer au débiteur principal, au mari, sa libération.

Mais est-ce une raison pour que le créancier puisse obtenir collocation actuelle à la date de l'obligation consentie par la femme ? L'hypothèque que l'art. 2135 crée en faveur de la femme, ne lui est accordée que pour garantir son recours contre le mari, dans le cas où elle acquitterait elle-même l'obligation souscrite ; c'est encore dans son intérêt à elle, qu'on lui accorde une collocation éventuelle quand son mari est en faillite ou en déconfiture. Mais le montant de cette collocation elle ne le touchera pas, les créanciers hypothécaires postérieurs du mari le recevront à charge de de rapport pour le cas où la femme paierait la dette du mari. Comment et à quel titre, dans cet état de choses, celui envers lequel la femme s'est obligée avec le mari, viendra-t-il en obtenant collocation actuelle au rang de la femme, enlever aux créanciers postérieurs du mari une somme qui leur appartient, sous la condition que la femme n'acquitterait pas *de suo* une dette, pour laquelle elle n'est à considérer que comme caution vis-à-vis de son mari ? La condition résolutoire qui doit enlever cette somme aux créanciers du mari, peut ne jamais se réaliser; si elle se réalise, le créancier n'a plus aucun droit à la collocation, car il est désintéressé. En tout cas, accorder au créancier collocation actuelle au rang de la femme, ce serait placer l'effet avant la cause, ce serait supposer l'hypothèque légale préexistante au fait qui lui donne naissance au paiement *de suo* de la dette, dont à l'égard du mari la femme n'est tenue que comme caution (*Sic* M. Bertauld, n° 53).

Il est vrai, comme le fait remarquer M. Bertauld, que la femme pourra toujours tromper le vœu de la loi et faire profiter indirectement le créancier envers lequel elle s'est obligée de l'hypothèque légale que lui accorde la loi comme indemnité de la dette qu'elle a contractée. Pour cela, elle n'a qu'à emprunter les deniers nécessaires au paiement de cette dette et à subroger le bailleur de fonds dans l'hypothèque légale qui garantit son recours contre le mari. Le créancier originaire étant désintéressé avec les deniers empruntés, le bailleur de fonds subrogé ne pourra pas être repoussé quand il viendra prendre à l'ordre ouvert sur le mari le rang qu'y aurait obtenu la femme, si elle avait désintéressé le créancier de ses propres deniers.

Mais ceci n'infirme en rien la solution que nous avons donnée plus haut; un principe juridique ne cesse pas d'être vrai, parce qu'il y a des moyens de se soustraire à son empire.

Cette dernière question nous amène à en examiner une autre, traitée par M. Coin-Delisle (*Revue critique*, 1853, p. 221 et suiv.).

Un commerçant à la veille de sa faillite, veut favoriser un de ses créanciers. Dans les dix jours qui précèdent la cessation de ses paiements, il fait accéder sa femme à son obligation personnelle. La femme mariée sous un régime qui lui permet d'engager ses reprises, les engage en effet, et de cet engagement naît une reprise éventuelle. Les immeubles du mari ne sont pas encore absorbés par le passif hypothécaire, l'hypothèque de la femme trouvera donc des valeurs libres sur lesquelles s'exercer. Ces valeurs le mari ne pourrait pas les affecter à son créancier, l'art. 446 du Code de commerce s'y oppose. Mais la femme, en acquittant la dette de son mari, substituera à une hypothèque conventionnelle inefficace, une hypothèque légale que la loi commerciale ne proscrit pas.

La masse pourra-telle s'abriter contre cette espèce de fraude, contre cette combinaison de partialité?

Un premier point est incontestable, c'est que l'art. 446 du Code de commerce ne trouve pas ici son application. Cet article n'établit une présomption *juris* et *de jure* de fraude, qu'en ce qui concerne les hypothèques conventionnelles et judiciaires acquises sur les biens du mari dans les dix jours qui précèdent la cessation de ses paiements; il ne parle pas de l'hypothèque légale qui aurait pu naître dans cet intervalle au profit de la femme, en vertu de l'art. 2135 du Code Napoléon (Cass., 7 nov. 1848; Dev., 49, 1, 121).

Mais du moins l'art. 447 du Code de commerce pourra-t-il être invoqué pour enlever à la femme l'hypothèque légale, si elle a connu la situation de son mari? Nous le pensons (*Sic.* Cass., 15 mai 1850; D., 50, 1, 609), pourvu qu'il soit bien établi que la femme a agi librement, avec l'intention de frustrer la masse et qu'elle n'a pas été l'instrument forcé de la volonté du mari. Nous allons plus loin : nous croyons que si le tiers envers lequel la femme s'est obligée n'avait pas connaissance de la situation du mari, s'il a stipulé de bonne foi et non dans la prévoyance d'une faillite, la femme restera toujours engagée envers lui, malgré la perte de son hypothèque légale.

Dans le cas, au contraire, où le créancier aurait été de mauvaise foi, tandis que la femme a agi de bonne foi, est-il vrai que la masse pourra invoquer l'art. 447 du Code de commerce et l'art. 1167 du Code Napoléon, pour faire tomber l'engagement de la femme (car il est évident que dans la présente hypothèse, vu la bonne foi de la femme, la nullité de son engagement est la condition *sine quâ non* de l'inexistence de l'hypothèque légale)? Nous ne voyons pas trop comment on pourrait atteindre ce résultat au moyen de ces deux articles. Et d'abord, le paiement fait par la femme au créancier de son mari, ou l'engagement qu'elle a pris envers lui, ne peut être annulé en vertu de l'art. 447 du Code de commerce, par cela seul que ce n'est pas le mari mais bien la femme qui a payé ou contracté. L'art. 447 du Code de commerce est donc inapplicable.

Les actes faits par la femme ne tombent pas davantage sous le coup de l'art. 1167. Ce sont, en effet, les actes seulement, faits par leurs débiteurs en fraude de leurs droits, que les créanciers peuvent attaquer en vertu de cet article, et la femme, pour avoir traité avec un créancier de son mari tombé en faillite, n'est pas certainement devenue débitrice de la masse.

Aussi faut-il décider que quand la femme a agi de bonne foi, on ne pourra pas la priver de son hypothèque légale en vertu de l'art. 447, ni annuler son engagement en vertu de l'art. 1167, alors même que le créancier avec lequel elle a traité aurait été de mauvaise foi. Nous arrivons ainsi à consacrer une flagrante iniquité en faveur du créancier de mauvaise foi et au préjudice de la masse ; mais nous préférons suivre la loi tant incomplète fût-elle que de nous placer au-dessus d'elle, en tranchant ce qu'elle ne décide pas. Cette lacune de la loi commerciale serait du reste facile à remplir ; il suffirait d'ajouter à l'art. 447 un alinéa qui permît d'annuler, dans l'hypothèse prévue par cet article, les paiements faits par la femme aux créanciers de son mari, ou les engagements qu'elle aurait pris envers eux, comme des actes faits par une personne interposée, prête-nom volontaire ou involontaire du mari.

Que si enfin la femme a connu la position de son mari en traitant avec un créancier de ce dernier, alors que ce créancier lui-même était déjà initié au secret de la détresse de son débiteur, la position que la femme a entendu se faire ne doit pas pouvoir être scindée. Elle a entendu cautionner son mari à la condition d'obtenir un recours hypothécaire. Si ce recours lui est enlevé dans l'intérêt de la masse, pourquoi le tiers aurait-il tout le bénéfice d'une fraude dans laquelle la femme ne devait jouer que le rôle de simple instrument ?

b) *Intervention de la femme à une obligation prise par le mari avec affectation hypothécaire, sans concours de sa part à elle, à la constitution de l'hypothèque.*

Il est reconnu généralement, par la doctrine et la jurisprudence, que la femme renonce tacitement, dans une certaine mesure, à son hypothèque légale toutes les fois qu'elle s'engage solidairement avec son mari, qui confère hypothèque sur ses biens et, par conséquent, sur des biens frappés d'hypothèque légale. Un dissentiment existe sur l'étendue de cette renonciation. Les uns considèrent cette intervention comme l'équivalent d'une cession directe et expresse de l'hypothèque légale, comme emportant de plein droit subrogation du créancier dans cette hypothèque sur les biens du mari. Les autres ne lui reconnaissent d'autre effet que celui d'entraîner de la part de la femme une simple renonciation à la priorité de l'hypothèque légale sur l'hypothèque conventionnelle consentie par le même acte au profit du créancier.

Nous examinerons ailleurs quelle est la meilleure de ces deux opinions; pour le moment, contentons-nous de constater qu'il n'y a pas controverse sur la question de savoir si notre hypothèse implique ou non, subrogation dans une certaine mesure, à l'hypothèque de la femme. Il est évident pour tout le monde qu'en s'engageant avec le mari dans l'acte par lequel celui-ci confère hypothèque sur ses biens, la femme ne peut plus rien faire de contraire aux droits du créancier envers lequel elle s'est obligée solidairement avec le mari. Si elle tentait de faire quoi que ce fût de nuisible à ces droits, elle serait repoussée par l'exception de garantie.

Faut-il cependant distinguer, avec M. Benech (n° 25), entre le cas où la femme, en s'engageant solidairement, prend part elle-même à la constitution de l'hypothèque sur les biens de son mari et celui où elle se borne à s'engager solidairement sans concourir à la constitution de l'hypothèque? Nous ne le pensons pas. Dès lors, en effet, que l'engagement solidaire de la femme constaté par un acte où le mari confère hypothèque au créancier sans que la femme elle-même concoure à la constitution de cette hypothèque, implique de la part de cette dernière renonciation tacite, *à fortiori* cette renonciation devra-t-elle résulter de l'obligation solidaire et du concours de la femme à la constitution de l'hypothèque.

A la vérité, la femme, dans ce dernier cas, confère hypothèque sur des biens dont elle n'est pas propriétaire, et en cela il y a contravention à l'art. 2125. De plus, elle serait, comme le dit M. Benech, dans la voie périlleuse du stellionat, si le mari ne ratifiait pas immédiatement (art. 2059). « Mais cela ne saurait affaiblir en rien », dit M. Pont (n° 464), «l'induction qui se tire du concours de la femme ; car, supposez que l'affectation par elle consentie soit sans aucune valeur, qu'elle ne vaille pas même comme garantie de l'obligation hypothécaire consentie par le mari, il restera toujours que la femme aura concouru à l'acte par lequel le mari a affecté des immeubles qui, étant sa propriété, ont été affectés valablement par lui ; il restera toujours qu'elle se sera obligée solidairement par l'acte même. Or, de l'aveu de tous et de M. Benech lui-même, ce concours et cette obligation solidaire accompagnant la constitution de l'hypothèque par le mari suffisent et supposent à eux seuls la renonciation. »

Que décider si le mari s'étant obligé, par un premier acte portant hypothèque, au paiement d'une somme d'argent, la femme s'obligeait par un acte subséquent au paiement de cette même somme sans rien promettre à l'égard de l'hypothèque ?

Ici on ne pourrait pas argumenter de la présence de la femme, de son approbation tacite à l'hypothèque donnée sous ses yeux sur l'immeuble qui lui est déjà engagé, au profit d'un individu dont elle se reconnaît débitrice.

L'obligation de la femme devra être prise telle qu'elle se présente, comme simple obligation personnelle; le créancier n'aura à son égard que la ressource du sous-ordre (Tropl., n° 603 *in fine*).

c) *Concours de la femme soit à la vente, soit à l'affectation hypothécaire d'un immeuble du mari ou de la communauté.*

Il est difficile, le plus souvent, d'expliquer autrement que par la volonté de renoncer à son hypothèque légale, le concours de la femme soit à la vente, soit à l'affectation hypothécaire d'un immeuble du mari ou de la communauté.

C'est l'application de la loi 11 ff., *Quibus mod. pign. salv.*, où l'on voit que la femme qui concourt à l'acte par lequel le mari constitue à sa fille une dot hypothéquée sur des biens déjà soumis à l'hypothèque légale, est censée faire remise de son hypothèque sur ces biens; et de la règle posée dans la loi 158 ff., *De reg. jur.*, d'après laquelle: « *Creditor qui patitur rem venire pignus demittit.* »

Ici encore des discussions se sont élevées sur l'étendue de cette renonciation; nous les examinerons plus tard, mais un point est indubitable, c'est que vis-à-vis de l'acquéreur et quant au droit de suite la renonciation est certaine et efficace.

M. Duranton (XX, n° 301) n'admet pas cette renonciation tacite.

Il se fonde sur l'art. 784, aux termes duquel la renonciation à une succession doit être expresse, article qui, comme le fait remarquer M. Bertauld, n'a bien évidemment aucun trait à la difficulté ; et sur l'art. 621, qui déclare que la vente de la chose sujette à usufruit ne fait aucun changement au droit de l'usufruitier. Ce dernier article encore ne prouve rien en faveur de la thèse de M. Duranton ; car l'art. 621 ne suppose pas que l'usufruitier ait assisté sans réserve à la vente de l'immeuble sujet à l'usufruit.

L'opinion de M. Duranton, du reste, est proscrite par la jurisprudence et par tous les auteurs modernes ; elle est contraire à l'ancien droit, M. Duranton le fait remarquer lui-même.

Le décret du 9 avril 1852, qui réglemente les conditions d'existence des sociétés de crédit foncier, semble cependant consacrer la solution doctrinale que nous combattons. Il y est dit, art. 20 : « Lorsque la femme mariée est présente au contrat de prêt, elle peut, si elle n'est pas mariée sous le régime dotal, consentir une subrogation à son hypothèque légale jusqu'à concurrence du montant du prêt. Si elle ne consent pas cette subrogation, et sous quelque régime que le mariage ait été contracté, le notaire l'avertit que, pour conserver vis-à-vis de la société le rang de son hypothèque légale, elle est tenue de la faire inscrire dans le délai de quinzaine. L'acte fait mention de cet avertissement sous peine nullité. »

Il est clair que dans l'esprit de cet article, la seule présence de la femme à l'acte n'a pas pour effet de subroger la société dans l'hypothèque de la femme, puisque le notaire, en l'absence d'une subrogation expresse, est tenu, sous peine de nullité de l'acte, d'avertir la femme d'inscrire son hypothèque dans le délai de quinzaine.

Mais ce texte spécial est sans influence sur le droit commun. Une législation exceptionnelle régit les sociétés du crédit foncier, et c'est pour qu'il n'y ait aucune difficulté d'interprétation possible, aucun doute sur la volonté de la femme, que le décret a exigé une subrogation expresse.

Si généralement le concours de la femme aux actes que nous venons d'indiquer suppose nécessairement de sa part volonté de renoncer à son hypothèque en faveur de celui avec qui traite le mari, il n'en est pas toujours ainsi cependant.

Lorsque la présence de la femme à l'acte s'explique par des circonstances particulières, lorsqu'elle a personnellement intérêt à concourir à l'acte, l'acquéreur ou celui à qui il est conféré hypothèque ne peut lui opposer sa présence à l'acte comme impliquant renonciation tacite à son hypothèque. C'est en ce sens que s'est prononcée la Cour de cassation, le 30 juin 1856 (Dal., 57, 1, 93).

Dans l'espèce, les époux du Saillant avaient déclaré, par une des clauses de leur contrat de mariage, en date du 7 novembre 1763, « donner, à titre de donation, pure et simple, entre-vifs, la moitié de tous et chacuns de leurs biens, meubles et immeubles, droits, noms, raisons et actions présents et à venir, exempts de toutes dettes et autres charges, même de la légitime des enfants, à celui des enfants mâles, provenus de leur mariage, qu'il leur plairait de choisir et nommer pour recueillir leur donation. »

En 1809, le père donateur vendit à son fils aîné ses

terres du Saillant et de Comborn, et plus tard, le 25 septembre 1810, les père et mère se réunirent pour désigner, par un acte, le même enfant comme bénéficiaire de la donation de 1763 et pour lui faire démission de tous leurs droits sur les terres du Saillant et de Comborn.

En cet état un ordre s'ouvrit pour la distribution de la somme de 120,000 fr., prix moyennant lequel les terres du Saillant et de Comborn avaient été vendues au fils aîné. La mère, alors veuve, fut colloquée, en vertu de son hypothèque légale, pour la somme qui formait la valeur non employée de sa dot. Mais sa collocation fut contestée par les ayants droit du donataire qui, après avoir formé une action tendante à être déclarés propriétaires en vertu de la donation du 7 novembre 1763 et de l'acte du 25 septembre 1810, de la totalité des terres, dont le prix était en distribution, tentèrent d'écarter l'hypothèque légale de la mère donatrice, en ce que celle-ci avait renoncé à cette hypothèque en tant que frappant les immeubles litigieux par sa présence au contrat de mariage, qui renfermait la donation entre-vifs de la moitié des biens des époux à celui des enfants à naître qu'ils choisiraient, et par sa présence à l'acte ultérieur où le fils aîné avait reçu, en vertu de la donation paternelle, les terres du Saillant et de Comborn. On invoquait à l'appui de cette prétention la loi 11 ff., *Quib. mod. pign. solv.*, on excipait de l'analogie du cas, prévu par cette loi, avec l'espèce, en ce que la mère donatrice non-seulement assistait, mais concourait à la donation faite en commun par les époux ; on argumentait de ce que la même règle est admise par notre droit, qui ne tolère pas que le créancier, après avoir figuré comme partie contractante à un acte de donation, puisse ensuite y porter atteinte par l'exercice de ses droits hypothécaires.

Toutefois, ce système fut rejeté; il devait l'être, dit M. Pont. La prescription de la loi romaine, a dit la Cour de cassation, est fondée sur ce que, le consentement de la femme n'étant pas nécessaire pour la constitution de la dot, n'est intervenu que pour remettre l'hypothèque; mais cette raison disparaît, lorsque la présence de la femme au contrat a des motifs manifestement étrangers et contraires à cette prétendue renonciation; or, telles ont été les circonstances de la cause. L'acte dans lequel on a prétendu trouver une renonciation tacite dans l'espèce est précisément le contrat de mariage dans lequel la dot de la femme prétendue renonçante était constituée. On doit présumer dès lors que, ayant figuré à cet acte comme future épouse, c'était pour établir ses droits plutôt que pour y renoncer. A la vérité, dans le même acte, les futurs époux font donation de la moitié de leurs biens présents et à venir; mais ces deux donations, bien qu'elles soient simultanées, sont cependant distinctes; la femme ne garantit en aucune manière la donation du mari; son assistance, dans ce cas, emporte d'autant moins renonciation à son hypothèque, que ses biens présents se bornaient à la dot garantie par son hypothèque légale. Elle aurait donc invalidé sa donation si, en même temps qu'elle donnait la moitié de sa dot, elle avait renoncé à l'hypothèque qui en assurait le remboursement, et dès lors la donation contredit la renonciation tacite, au lieu de la faire supposer (voy. Pont, n° 465).

Ces considérations nous montrent dans quel sens et dans quels cas la femme est censée renoncer à son hypothèque légale, en assistant à l'acte par lequel le mari vend ou hypothèque un des ses immeubles ou un conquêt de communauté.

Avant de passer à un autre ordre d'idées, il nous reste à examiner la question de savoir si, lorsque le mari, dans la plénitude de ses pouvoirs sur la communauté, hypothèque ou vend un conquêt, il représente la femme en vertu d'un véritable mandat légal, et par suite, s'il opère au préjudice de celle-ci, une subrogation à l'hypothèque de ce conquêt, en un mot, si la femme, lorsqu'elle accepte la communauté, est réputée avoir concouru à la vente ou à l'affectation hypothécaire.

La solution de cette question dépend de la manière dont on résoudra le point de savoir si la femme a ou non hypothèque sur les conquêts de la communauté.

Sans examiner cette question, contentons-nous de dire que la doctrine radicale des auteurs qui refusent, dans tous les cas, l'hypothèque légale à la femme sur les conquêts de la communauté, n'a pas été sanctionnée par la jurisprudence (Delvincourt, t. III, note 6 sur la p. 165 ; Persil, *Rég. hypoth. sur l'art. 2121*, nº 10, et *Quest.*, t. I, p. 233 ; Cubain, *Traité des droits des femmes*, nº 528).

On juge généralement qu'en cas de renonciation de la femme, son hypothèque légale frappe sur les conquêts de la communauté (en ce sens Toullier, t. XII, nº 305 ; Grenier, *Hyp.*, t. I, nº 533 ; Troplong, *Priv. et hyp.*, t. II, nº 433 *ter*; Duranton, 19, nº 330 ; Tessier, *De la dot*, t. II, p. 311 ; Odier, *Cont. de mariage*, t. I, nº 584).

Mais on décide aussi que la femme qui accepte ne

peut exercer son hypothèque légale au détriment des hypothèques conférées par le mari sur les conquêts de la communauté (en ce sens Odier, n° 569 ; Troplong, *Cont. de mariage*, t. III, n° 1646).

L'acceptation, dit M. Odier, équivaut absolument à une intervention, à un consentement exprès de sa part. — La femme qui accepte la communauté, n'a pas hypothèque sur les conquêts, dit M. Mourlon (*Répét. écrites,* t. III, p. 543), « parce que cette hypothèque est inconciliable avec les pouvoirs du mari sur la communauté.» Mais ne faut-il pas distinguer ici entre le cas où la femme se présente en sa qualité de commune pour réclamer sa part des valeurs de la communauté, et celui où elle ne vient que comme créancière pour exercer ses reprises et recevoir le paiement de ses créances matrimoniales.

Dans le premier cas, il est bien évident que la femme ne peut rien prendre de l'actif de la communauté qu'après le paiement du passif. On partage la communauté telle qu'elle est, suivant l'expression de Lebrun, rappelée par M. Troplong (*Contr. de mariage*, n° 1646).

Mais lorsque la femme vient, en qualité de créancière, exercer ses reprises et créances matrimoniales, son acceptation, l'art. 1483 nous l'apprend, ne la soumet au paiement des dettes communes que jusqu'à concurrence de son émolument, soit à l'égard du mari, soit à l'égard des *créanciers* ; comme l'héritier bénéficiaire, elle ne confond pas son patrimoine personnel avec les biens de la communauté. Aussi, quoiqu'elle ne puisse contester la validité des hypothèques consenties par le mari, comme chef de la communauté, sur les conquêts, rien ne l'empêchera d'invoquer la priorité de date de son hypothèque légale sur les hypothèques conventionnelles consenties par le mari. On ne pourra pas lui opposer l'exception de garantie , car l'art. 1483 prouve bien que la femme n'est pas engagée *personnellement* par le fait du mari envers les créanciers de la communauté.

Et ce que nous venons de dire s'applique aussi au cas où la femme voudrait exercer son hypothèque légale sur un conquêt aliéné par le mari *durante communione*. On ne pourrait pas lui opposer son acceptation comme emportant ratification. Ratification de quoi ? Mais la femme n'a pas à ratifier une vente qui était valable *ab initio* (art. 1421).

On ne viendra pas, sans doute, nous objecter encore ce prétendu mandat légal , et dire que le mari, en vertu de ses pouvoirs sur les biens de la communauté , a valablement subrogé le tiers dans l'hypothèque légale de la femme ; car, si le mari ne peut pas engager *personnellement* la femme par son fait à lui (art. 1483) , on est bien forcé de reconnaître qu'il ne peut pas renoncer non plus , sans son aveu , aux sûretés que la loi lui accorde pour garantir ses reprises.

Enfin à ceux qui pour refuser l'hypothèque à la femme acceptante sur les conquêts vendus par le mari viendraient nous dire : « Le mari ayant revendu l'immeuble acquis, la position est la même que s'il n'avait pas fait l'acquisition ; en effet, les deniers qui avaient été tirés de la communauté lors de cette acquisition y sont rentrés par la revente, la femme n'éprouve aucun préjudice, il n'y a que ce qui existe et se trouve en la possession du mari au moment de la dissolution de la communauté qui en constitue réellement l'actif ; » à ceux-là nous répondons : « C'est précisément pour cette raison que les biens vendus par le mari avant cette dissolution doivent être réputés avoir toujours été sa propriété personnelle. Il n'est donc pas nécessaire, même selon ceux qui n'accordent à la femme hypothèque sur les conquêts qu'en cas de renonciation, que la femme renonce plus tard à la communauté pour qu'elle n'en ait jamais été propriétaire, et que conséquemment son hypothèque légale les ait atteints comme les autres biens du mari. »

## CHAPITRE III.

GÉNÉRALITÉS SUR LES CONDITIONS AUXQUELLES LA SU-
BROGATION A L'HYPOTHÈQUE LÉGALE DE LA FEMME
EXISTE VALABLEMENT DEPUIS LA LOI DU 23 MARS 1855.

a. *Spécialités sur la forme de l'acte dans lequel elle peut être consentie.*

Avant la loi du 23 mars 1855 les auteurs et la jurisprudence qui, en l'absence de toute disposition légale sur notre matière, l'avaient en quelque sorte organisée, laissaient la subrogation à l'hypothèque légale affranchie de toute règle, soit sur la forme de l'acte, soit sur la publicité à lui donner.

La femme pouvait subroger à son hypothèque par acte authentique ou par acte sous seing privé indifféremment, et cette convention n'était soumise de la part des subrogés à aucune espèce de publicité. On ne s'était pas préoccupé de l'état de subordination dans lequel se trouve la femme à l'égard de son mari qui, pour ranimer un crédit à jamais perdu, entraînait souvent la ruine de cette dernière, en la faisant accéder à des actes dont elle ne pouvait comprendre la portée. On ne s'était pas non plus assez pénétré de cette pensée, que la dispense d'inscrire son hypothèque légale accor- dée à la femme était due à l'état d'incapacité ou de subordination de cette dernière, et non à la qualité de la créance; aussi l'hypothèque légale n'était-elle pas plus soumise à la publicité entre les mains du subrogé, qu'entre celles de la femme. La Faculté de Droit de Strasbourg a fait vivement ressortir les dangers qui ré- sultaient de cet état de choses lorsque dans l'enquête administrative elle disait : «Ce n'est pas tout; en ren- dant l'efficacité des subrogations consenties par la femme indépendante de toute inscription ou mention sur le registre hypothécaire, et en réglant la préférence entre différents créanciers subrogés par la seule date de leurs actes de subrogation et sans égard au rang de leurs hypothèques, on expose les tiers à des déceptions inévitables. En effet, rien n'empêche qu'une femme qui aura déjà absorbé son hypothèque légale par des subrogations occultes ne puisse se procurer encore du crédit, en offrant à d'autres capitalistes de les associer au bénéfice de cette hypothèque. Aussi arrive-t-il tous les jours que des créanciers, qui croyaient avoir obtenu une sûreté complète par la subrogation à l'hypothèque de la femme, voient cette garantie s'évanouir devant des subrogations antérieures.»

Ces difficultés ont été soulevées toutes les fois qu'il s'est agi de la réforme de notre régime hypothécaire; enfin, en 1855, le législateur est venu leur donner une solution dans son art. 9 ainsi conçu: «Dans les cas où les femmes peuvent céder leur hypothèque légale ou y renoncer, cette cession ou cette renonciation *doit* être faite par acte authentique et les cessionnaires n'en seront saisis à l'égard des tiers que par l'inscription de cette hypothèque prise à leur profit ou par la mention de la subrogation en marge de l'inscription préexistante.

« Les dates des inscriptions ou mentions déterminent l'ordre dans lequel ceux qui ont obtenu des cessions ou renonciations exercent les droits hypothécaires de la femme. »

Ainsi en premier lieu, cet article veut que la femme ne puisse plus céder son hypothèque légale ou y renoncer autrement que par acte authentique.

En second lieu les subrogés doivent rendre publique la subrogation dans un double but :

1° Pour être saisis à l'égard des tiers.

2° Pour que la date de l'inscription, dans le cas où la femme aurait consenti plusieurs subrogations successives, fixe l'ordre dans lequel chaque créancier viendra exercer les droits de la femme dans lesquels il aura été subrogé.

Il ressort du texte de l'art. 9 que la publicité n'est exigée qu'à l'égard des tiers ; la subrogation est donc valable entre la femme et le subrogé, quoique ce dernier n'ait pas pris inscription.

Mais pour ce qui est de l'authenticité de l'acte, nous croyons que l'art. 9 l'exige, même dans les rapports du subrogé avec la subrogeante. Remarquons, en effet, que la disposition de la loi est générale sur ce dernier point : « *Cette cession ou cette renonciation doit être faite par acte authentique,* » à l'égard de la femme comme à l'égard des tiers, car la loi ne distingue pas ici comme elle le fait par rapport à la publicité. Notons, en effet, que si la loi a eu pour objet la sûreté des créanciers, elle a eu en vue aussi l'intérêt de la femme. Cette dernière aura pour sauvegarde la présence du notaire qui lui fera comprendre toute la portée de ses engagements.

Ajoutons toutefois que la règle que nous venons de développer comporte une exception, mais une seule; nous la retrouverons bientôt.

Nous ne parlons pas dans ce chapitre de la formalité de l'inscription, c'est un ordre d'idées à part que nous avons rejeté à la fin de notre travail. Qu'il nous suffise d'avoir indiqué pour l'intelligence des développements sur les effets de la subrogation que nous aborderons dans le chapitre suivant, que la publicité est nécessaire au subrogé pour le saisir des droits de la femme à l'égard des tiers et pour déterminer l'ordre dans lequel plusieurs subrogés successifs peuvent venir exercer ces droits.

a) *Spécialités sur la forme de l'acte dans lequel la subrogation peut être consentie.*

Quelle que soit la forme que la femme choisisse pour subroger un tiers à son hypothèque légale, cession ou renonciation, renonciation expresse ou tacite, l'acte qui constate la subrogation doit être authentique.

L'authenticité protégera la femme par le secours des formes solennelles; elle protégera les tiers contre le danger des antidates.

On est d'accord sur la nécessité d'un acte authentique quand il s'agit d'une cession d'antériorité ou d'une cession de l'hypothèque, mais on discute le point de savoir si la cession de la créance hypothécaire de la femme est régie par notre art. 9.

MM. Rivière et Huguet (nᵒˢ 393 et suiv.), MM. Rivière et François (nᵒ 139) soutiennent que la loi du 23 mars 1855 ne s'est pas occupée des cessions de créance. Elle les laisse, disent-ils, sous l'empire de l'art. 1690 du Code Napoléon. La loi de 1855 ne parle que de la cession de l'hypothèque sans la créance; elle n'a porté son attention que sur cette matière de la subrogation dans les hypothèques légales de la femme, matière si usuelle, si délicate et quelquefois si périlleuse dans l'état antérieur de la législation. Or, il y a une grande différence entre la cession directe et principale d'un droit, et la transmission de ce même droit par voie de conséquence d'une cession ayant un autre objet. C'est par l'objet principal d'une convention que se déterminent ses formes et ses solennités.

Quelles que soient les garanties qui entourent une obligation, la cession de cette obligation ne doit être réglée que par les lois faites pour les cessions de créances en général. Or, la cession de créances est régie par le Code Napoléon; ce Code n'exige pas que l'acte soit authentique; il ne prescrit pas d'autre condition de publicité que la signification du transport au débiteur cédé. Quant à la loi nouvelle, elle n'ajoute rien à ces dispositions, puisqu'elle ne s'occupe pas du transport des créances. Il en résulte que le cessionnaire d'une créance, pour en être saisi à l'égard des tiers, n'a qu'à se conformer aux prescriptions du Code Napoléon. Une fois investi du droit personnel et principal, il a, par une conséquence nécessaire, tous les droits qui garantissent l'obligation; il n'a rien à faire de spécial pour acquérir un de ces droits accessoires, par exemple, une hypothèque; car cette acquisition est implicitement renfermée dans une autre acquisition qui est parfaitement accomplie, etc.

Nous ne pouvons admettre cette théorie.

Un principe est posé dans l'art. 9 de la loi de 1855, principe absolu qui n'admet aucune restriction : c'est que les tiers ne peuvent être nantis les uns à l'égard des autres des droits hypothécaires de la femme, qu'à la condition de les manifester et de les publier. Or, qu'arriverait-il d'après la théorie que nous combattons ? Le cessionnaire de la créance hypothécaire de la femme n'aurait qu'à se conformer aux dispositions de l'art. 1690 du Code Napoléon, pour venir exercer l'hypothèque légale de la femme; car, nous dit-on, l'art. 9 ne prévoit que le cas de la cession de l'hypothèque sans la créance, il ne s'occupe pas de la cession de la créance hypothécaire. Mais remarquons que lorsqu'on discuta à l'Assemblée législative la question des subrogations, on entendit positivement que la cession de la créance hypothécaire de la femme fût soumise à la formalité de l'authenticité et de l'inscription, on ne s'était élevé que contre la cession de l'hypothèque sans la créance. Depuis, qu'est-il arrivé? Le législateur de 1855 a entendu consacrer positivement cette dernière opération; c'est dans ce but que l'on a amendé l'art. 11 du projet qui forme aujourd'hui l'art. 9 de la loi, mais il n'est entré dans l'esprit de personne de soustraire la cession de la créance hypothécaire aux formalités qui paraissaient déjà indispensables au législateur de 1850.

Si l'art. 9 ne mentionne pas la cession de la créance, il ne rappelle pas non plus la cession d'antériorité, et personne a-t-il jamais douté que cette opération ne fût régie par notre article?

. Du reste, nous l'avons déjà dit plus haut, si notre article n'a dénommé que la cession de l'hypothèque, c'est qu'il a eu principalement en vue l'effet de la subrogation qui est la translation de l'hypothèque. Or, cette hypothèque est transférée par la cession d'antériorité, par la cession de la créance hypothécaire, aussi bien que par la cession de l'hypothèque détachée de la créance.

Et en allant au fond des choses, les dangers ne sont-ils pas les mêmes pour la femme et les tiers, soit que cette dernière cède son antériorité, son hypothèque détachée de la créance ou sa créance avec ses accessoires; et parce que l'hypothèque, dans ce dernier cas, est transférée comme conséquence de la cession du principal, n'est-elle pas toujours cette sûreté dont la loi a voulu réglementer le passage des mains de la femme à celles des tiers?

Ne distinguons donc pas là où la loi ne distingue pas, et lorsque le législateur a su dans sa haute sagesse placer sous l'empire de la règle tous les cas qui méritaient son attention, suivons la ligne qu'il nous a tracée, plutôt que de chercher à paralyser son œuvre par des discussions, dont le point de départ est en opposition flagrante avec l'esprit de la loi.

Nous avons annoncé une exception à la règle qui veut que les subrogations consenties par la femme à son hypothèque légale par voie de cession ou de renonciation, soient constatées par acte authentique. Nous pensons, en effet, que la femme, en assistant à la vente d'un immeuble du mari ou de la communauté, renonce valablement à son hypothèque légale, quoique l'acte de vente soit fait sous signature privée.

Cette exception, à vrai dire, n'en est pas une, car nous verrons, en traitant des effets de la subrogation à l'égard du tiers-acquéreur, que le cas de subrogation tacite ne rentre pas à proprement parler dans l'art. 9 de la loi de 1855, qui n'a prévu que les subrogations consenties par la femme en faveur de l'un de ses créanciers ou d'un créancier du mari ou d'un tiers. La renonciation au profit de l'acquéreur est purement extinctive; aussi serons-nous amené en traitant de l'inscription, à dispenser l'acquéreur de cette formalité.

Une question nous reste à examiner. Lorsque la femme donne mandat à quelqu'un de subroger un tiers à son hypothèque légale, la procuration doit-elle être authentique ou suffit-il qu'elle soit sous signature privée ?

La même difficulté a été soulevée à l'occasion de l'art. 2127 du Code Napoléon, qui dispose que l'hypothèque conventionnelle ne peut être consentie que par un acte passé en forme authentique devant deux notaires ou devant un notaire et deux témoins. On s'était demandé, en présence de cet article, si le mandataire du débiteur doit être muni d'une procuration authentique pour consentir hypothèque sur les biens de ce dernier. Cette question a été pendant longtemps résolue en sens contraire par la jurisprudence, et la Cour de cassation elle-même dans deux arrêts (req. 27 mai 1849, et 5 juillet 1827; Dev., 1828, 1, 105) a décidé « que le mandat à l'effet de consentir une hypothèque et l'acte constitutif de l'hypothèque sont deux choses tout à fait distinctes; qu'en ce qui concerne le mandat, le code établit comme règle générale que tout mandat, quel qu'en soit l'objet, peut être donné par acte sous

seing privé, et que s'occupant dans une disposition ul-
térieure du mandat à l'effet de consentir hypothèque,
il ne déroge point à la régle qu'il vient d'établir et se
borne à dire que ce mandat doit être exprès; que
quant à la constitution d'hypothèque, elle doit être
faite par acte authentique, que rien ne s'oppose à ce
qu'elle soit faite en cette forme même par un mandataire spécialement autorisé à grever d'hypothèque les
biens de son mandant. »

Mais cette jurisprudence ne s'est pas maintenue: on
a reconnu qu'il y a une liaison plus intime entre le
mandat à l'effet de constituer hypothèque et l'acte constitutif de l'hypothèque, que ne semblait le supposer la
Cour de cassation dans l'arrêt cité. En effet, lorsque la
loi nous dit que la constitution d'hypothèque ne peut
être consentie que par acte passé en la forme authentique, elle entend par là même que le consentement
du débiteur doit être manifesté en cette forme; or, il
n'en est pas ainsi dans un contrat constitutif d'hypothèque passé devant notaire en vertu d'un mandat sous
seing privé.

Aussi la Cour de cassation est-elle revenue sur sa jurisprudence antérieure, en ajoutant que la ratification
donnée ultérieurement par le mandant ne saurait avoir
d'effet rétroactif à l'encontre des tiers (rej. 7 fév. 1854:
Dev., 54, 1, 322).

Nous nous rangeons entièrement du côté de ce dernier état de la jurisprudence de la Cour suprême, et
nous croyons qu'il faut appliquer la solution qu'elle
donne, à la procuration par laquelle la femme charge-
rait un mandataire de subroger un tiers à son hypothèque légale; en effet, l'art. 9 de la loi de 1855 en

soumettant la subrogation à la forme authentique, lui crée une situation analogue à celle que l'art. 2127 fait à l'hypothèque conventionnelle.

## CHAPITRE IV.

### DES EFFETS DE LA SUBROGATION A L'HYPOTHÈQUE LÉGALE DE LA FEMME.

Lorsque la femme subroge un tiers dans son hypothèque légale, elle le met éventuellement dans son lieu et place pour que, dans le cas où il ne serait pas désintéressé d'ailleurs, ce subrogé puisse venir exercer le droit garanti à la femme par son hypothèque légale de la même manière qu'elle aurait pu le faire elle-même, si elle n'avait pas consenti de subrogation.

Nous avons annoncé déjà qu'il n'y a pas de différence quant aux effets de la subrogation en général, qu'elle ait été consentie expressément ou tacitement par voie de cession ou par voie de renonciation. Mais comme il y a divergence sur ce point entre les auteurs, comme il y a aussi quelques distinctions importantes à établir entre les différents moyens que la loi met à la disposition de la femme pour arriver à la subrogation, et pour plus de netteté des développements dans lesquels nous allons entrer, nous suivrons dans ce chapitre la marche adoptée dans celui où nous avons traité des différentes formes sous lesquelles la subrogation peut se produire.

## § 1. *Subrogation expresse.*

### A. *Cession.*

#### a) *Cession de la créance.*

La femme qui subroge à son hypothèque légale par voie de cession de la créance emploie le mode le plus étendu de subrogation. Elle ne retient rien, en effet, ni la créance elle-même, ni les sûretés accessoires qui y sont attachées.

A l'avénement de la condition qui transformera en droit acquis le droit éventuel du subrogé, c'est-à-dire lorsque la liquidation de la société conjugale arrive avant que le mari ait rempli son engagement à l'égard du créancier subrogé, celui-ci viendra exercer le droit de la femme dans toute son étendue; mais il va sans dire qu'il n'exercera ce droit que dans les limites de sa propre créance.

L'hypothèque de la femme ne peut ni s'étendre, ni s'amoindrir entre les mains du subrogé. Si la créance de la femme étant de 20,000 fr., celle du subrogé de 10,000 fr., la liquidation des droits des époux attribuait effectivement 20,000 fr. à la femme, le subrogé prendrait 10,000 fr. et la femme le reste. De même si la femme n'avait droit qu'à 5000 fr., le subrogé perdrait la garantie de l'hypothèque légale pour la moitié de sa créance.

Enfin, si la liquidation donnait pour la femme un résultat négatif, le subrogé verrait s'anéantir complétement entre ses mains la garantie que la femme lui avait transmise.

Si la femme, au lieu de céder la totalité de sa

créance, n'en cédait qu'une partie aliquote, la moitié, par exemple, en supposant que cette créance qui était de 40,000 fr. au moment de la subrogation, trouve encore après la liquidation de la société conjugale un gage suffisant sur lequel elle puisse s'exercer, le subrogé prendra les 20,000 fr. qui lui ont été garantis, et la femme prendra le reste.

Mais s'il ne restait plus que 20,000 fr. en tout, après la liquidation, pour désintéresser la femme de sa créance de 40,000 fr., cette dernière pourra-t-elle invoquer l'art. 1252 du Code Napoléon, et pour empê-cher le subrogé de concourir avec elle sur les 20,000 fr., lui dire : « *Nemo contrà se subrogasse censetur?* » Nous ne le pensons pas, car la subrogation dont nous nous occupons n'a qu'une ressemblance nominale avec celle des art. 1250 et suiv., et si l'on conçoit, comme le dit M. Bertauld (n° 98), que la subrogation au titre des obligations, chapitre *Du paiement*, n'ayant d'autre fondement que la loi morale qui nous impose de faire le bien d'autrui quand il n'en résulte pas pour nous de préjudice, cesse d'avoir effet là où elle apporterait un dommage au subrogeant; on ne le concevrait plus dans notre subrogation toute spéciale, par laquelle la femme s'est *obligée* à laisser le subrogé exercer ses droits dans une certaine mesure.

Le principe posé dans l'art. 1252 doit donc être écarté de notre question.

D'un autre côté, nous ne voyons aucune raison qui permette au subrogé de repousser la femme quand elle viendra partager avec lui les 20,000 fr. en question. Car la femme n'ayant cédé que la moitié de sa créance, a par cette subrogation garanti au créancier la moitié seulement de l'émolument, quel qu'il fût, de son hypothèque légale. En effet, l'hypothèque, qui originairement garantissait la créance pour 40,000 fr., garantissait la partie cédée et la partie non cédée; aussi l'émolument qu'elle produit doit-il se répartir sur toutes les parties de la créance.

Ceci nous amène à décider que, si la femme, après avoir subrogé au créancier de son mari dans son hypothèque légale, en lui cédant la première moitié de sa créance, en subrogeait un second en lui cédant la seconde moitié, le dernier subrogé viendrait concourir avec le premier (comme la femme dans l'espèce ci-dessus), quoique la seconde subrogation fût inscrite postérieurement à la première, car le second subrogé est aux droits de la femme, qui aurait eu le droit de concourir sur la collocation de 20,000 fr., si elle n'avait pas consenti une seconde subrogation.

Remarquons cependant que si la femme, au lieu de céder la moitié de sa créance dans l'espèce précédente, avait dit : « Je subroge le créancier de mon mari pour 20,000 fr., sur ma créance dotale de 40,000 fr.,» elle pourrait être repoussée par l'exception de garantie si elle voulait concourir avec le subrogé. En effet, la femme, en assurant au créancier 20,000 fr. sur sa créance dotale, renonce évidemment à la portion de sa créance réservée, pour le cas où la liquidation ne produirait que 20,000 fr.

Si jusqu'à la liquidation de la société conjugale le subrogé a un droit conditionnel en ce sens qu'il ne pourra l'exercer que s'il n'est pas désintéressé par l'obligé principal, éventuel en ce sens qu'il ne pourra exercer l'hypothèque légale de la femme que dans le cas où cette dernière le pourrait elle-même, ce droit lui est irrévocablement acquis lorsque, après la liquidation terminée, la femme est réellement créancière du mari ou de la communauté.

Ce point qui est hors de doute, est cependant contrarié par un arrêt de la Cour d'Orléans (16 mars 1849; D., 49, 2, 449), qui a décidé que la subrogation à l'hypothèque légale s'évanouit dans le cas où les héritiers de la femme qui l'avait consentie deviennent héritiers purs et simples du mari. « Considérant, dit la Cour, qu'on ne peut céder à un autre plus de droits qu'on n'en a soi-même; considérant que, si aux termes de l'art. 2135 du Code Napoléon, la femme mariée a une hypothèque légale sur les biens de son mari, notamment pour l'indemnité des obligations qu'elle a contractées solidairement avec lui pendant l'existence de la communauté, cette hypothèque ne produit son effet qu'autant que lors de la dissolution de cette communauté elle a droit à une indemnité ; considérant que de là il suit, qu'en subrogeant le prêteur dans son hypothèque légale, elle ne lui confère qu'un droit purement éventuel ; considérant que, si en souscrivant solidairement avec son mari, l'obligation du 25 décembre 1829, la dame Leblanc est devenue créancière de l'indemnité à laquelle elle avait droit à raison de ladite obligation, cette créance était éteinte dès avant la deuxième production du sieur Picaut de la Férandière; en effet, qu'en acceptant purement ce qui était leur droit, la succession de leur mère et ensuite celle de leur père, les héritiers Leblanc sont devenus tout à la fois créanciers et débiteurs de cette indemnité ; d'où il suit que la confusion s'est opérée de plein

droit, et que, par suite, la subrogation dont excipe le
sieur Picaut de la Férandière est devenue sans objet;
par ces motifs....» La Cour, comme on le voit, s'est fondée sur ce que la réunion des qualités de créancier et
de débiteur sur les mêmes têtes, avait opéré une confusion qui ne permettait plus au créancier de se prévaloir de l'hypothèque légale.

Mais par quelle étrange méprise a-t-on pu décider
qu'il y a, dans notre espèce, confusion des qualités
de créancier et de débiteur paralysant l'exercice de
l'hypothèque légale entre les mains du subrogé? La
femme a-t-elle donc pu transmettre à ses héritiers une
créance au moment où elle en était irrévocablement
dessaisie par l'avénement de la condition qui, comme
on le sait, est le non-paiement de la créance par le
mari obligé? Et si, au moment de la mort de la femme,
sa créance reposait désormais sur la tête du subrogé
d'une manière irrévocable, comment donc a-t-elle pu
s'éteindre par voie de confusion, parce que les héritiers
de la femme sont aussi ceux du mari? Oui, sans doute,
la cour d'Orléans avait raison de dire qu'on ne peut
céder plus de droits qu'on n'en a soi-même. Mais au
moment où la femme Leblanc cédait son droit de
créance, il lui appartenait bien, elle l'avait donc bien
et dûment cédé, d'une manière éventuelle, il est vrai,
jusqu'à la dissolution de la communauté, mais cette
dissolution étant arrivée par la mort de la femme, à
une époque où elle n'était pas encore remplie de sa
créance, où le subrogé n'était pas désintéressé par le
mari, la cession devenait irrévocable; et s'il est vrai
qu'on ne peut céder plus de droits qu'on n'en a, il est
vrai aussi qu'on ne peut plus transmettre par succession,

les droits qu'on a une fois cédés (*Sic* Bertauld, 70 et 71; Carette, *l. c.; contrà* Pont, n° 483).

M. Pont approuve l'arrêt que nous venons de combattre. Il voit entre cette décision et un arrêt de la chambre des requêtes une analogie qui n'existe pas (req. 30 avril 1849; J. P., 49, 2, 161).

Dans cette dernière espèce, une femme ayant stipulé qu'elle exercerait la reprise de son apport si elle renonçait à la communauté, avait subrogé à l'hypothèque légale garantissant la restitution de cet apport. A la dissolution de la communauté, la femme accepta cette communauté qui lui offrait des avantages et, par cette acceptation, paralysa l'effet de la subrogation qu'elle avait consentie. Mais ici la femme, en acceptant la communauté, n'avait fait qu'user d'une faculté légale qu'elle ne s'était pas enlevée par la subrogation et qu'elle ne pouvait s'enlever par aucune convention (art. 1453). La chambre des requêtes a jugé en ce sens le 30 avril 1849, en rejetant un pourvoi contre un arrêt de la cour d'Agen.

Si nous avons jusqu'ici raisonné toujours dans l'hypothèse d'une subrogation consentie par la femme en faveur d'un créancier de son mari, c'est que c'est là le cas le plus fréquent. Mais nous savons que la femme peut subroger de la même manière un de ses créanciers à elle ou celui d'un tiers. Quelle que soit la qualité du subrogé, créancier du mari, de la femme ou d'un tiers, les effets de la subrogation ne varient pas à son égard, ce sont ceux que nous avons indiqués.

Mais il n'en est pas de même en ce qui concerne la femme.

Si c'est un créancier de son mari qu'elle a subrogé

7

à son hypothèque légale, l'art. 1431 crée en sa faveur une indemnité à laquelle l'art. 2135, al. 2, n° 3, vient ajouter une nouvelle hypothèque légale à dater du jour de la subrogation.

Si c'est, au contraire, un de ses créanciers à elle ou celui d'un tiers que la femme a subrogé, ces derniers venant à exercer l'hypothèque de la femme et à en absorber l'émolument, la femme n'a droit à aucune indemnité, car elle est réputée avoir reçu ce qui lui revenait par l'entremise de son ayant cause.

### b) *Cession d'antériorité.*

La cession de la créance hypothécaire peut avoir lieu en faveur d'un créancier du mari de la femme ou d'un tiers; il n'en est pas de même de la cession d'antériorité: celle-ci ne peut avoir lieu qu'au profit d'un créancier hypothécaire du mari.

Par la cession d'antériorité, la femme transporte au subrogé son rang hypothécaire en conservant sa créance, qui sera colloquée au rang qu'aurait obtenu le créancier subrogé sans la subrogation. Comme la cession de la créance hypothécaire, la cession d'antériorité ne nuit ni ne profite aux créanciers intermédiaires du mari; car le subrogé ne pourra être colloqué que pour la somme afférente à la femme, alors même que sa créance personnelle serait supérieure à la créance de la femme, garantie par l'hypothèque légale. Si, au contraire, les prétentions du subrogé sont inférieures au montant de la collocation de la femme, cette dernière gardera son rang primitif pour l'excédant de sa créance sur celle du subrogé et descendra au rang du subrogé pour le surplus.

La cession d'antériorité ne crée au profit du subrogé

qu'un droit éventuel. Il s'ensuit, que la créance de la femme venant à s'éteindre par compensation, confusion ou autrement, après la subrogation mais avant la dissolution de la société conjugale, le cessionnaire de l'antériorité se trouvera déchu du rang qui lui avait été transmis. C'est ce que décide un arrêt de la Cour de cassation, du 25 janvier 1853, rejetant le pourvoi contre un arrêt de Bordeaux, du 4 décembre 1850 : « Attendu, dit la cour, que l'hypothèque ne peut avoir d'existence propre, indépendamment de la créance dont elle est l'accessoire et le moyen d'exécution, que dès lors la convention par laquelle un créancier cède son hypothèque à un autre créancier qui lui était postérieur, ne peut avoir d'autre résultat que de lui substituer le cessionnaire aux lieu et place qu'aurait occupés dans l'ordre la créance du cédant; d'où il suit, que si cette créance a cessé d'exister ou a elle-même perdu son rang hypothécaire, la cession d'antériorité ne peut avoir aucun effet pour le cessionnaire; attendu, dès lors, qu'en refusant aux demandeurs en cassation de les colloquer au rang hypothécaire à eux cédé par Lenoble, l'arrêt attaqué, au lieu de violer aucune loi, a, au contraire, fait à l'espèce une juste application des principes de la matière; rejette, etc.» (J. P., 53, 1, 697).

Outre les différences que nous avons signalées entre la cession de la créance et celle de l'antériorité, il en est une encore, c'est qu'en cas de cession d'antériorité, la perte de l'hypothèque, appartenant au créancier cessionnaire (faute de renouvellement, par exemple), rendrait le bénéfice de la cession inefficace, la femme ne l'ayant consentie qu'à raison de l'hypothèque qu'avait déjà le créancier au moment de la cession d'antériorité.

### c) *Cession de l'hypothèque.*

La cession de l'hypothèque séparée de la créance donne lieu aux mêmes observations que les deux opérations précédentes, relativement à l'éventualité du droit qu'elle transmet au subrogé.

L'hypothèque n'est pas tellement détachée de la créance de la femme qu'elle n'en suive toutes les vicissitudes. Au fond c'est la garantie hypothécaire de la femme qui est transmise, telle qu'elle existait entre les mains de cette dernière. Le créancier chirographaire auquel cette hypothèque aura été cédée ne pourra l'exercer que dans le cas où la femme aurait pu le faire elle-même. Et, lorsqu'avant la liquidation de la société conjugale, la créance de la femme s'est éteinte d'une manière quelconque, l'hypothèque qui en a été détachée en faveur d'un créancier chirographaire, ne lui survivra pas. Un savant auteur belge M. Martou, en son *Traité des priviléges et hypothèques* (n° 175), admet que l'hypothèque peut être détachée de la créance, mais il est d'avis en même temps que si la créance vient à s'éteindre le bénéfice de la cession s'évanouit. Consulté par M. Benech à ce sujet, voici ce que ce dernier lui répondait le 26 avril 1855.

« L'hypothèque peut être cédée sans la créance, car aucune disposition de loi n'interdit de transporter à un tiers le bénéfice de cette garantie. Mais elle ne peut avoir sur la tête du cessionnaire un autre caractère, ou d'autres conditions d'existence ou de durée que sur la tête du cédant. Ce dernier ne peut transmettre le droit que tel qu'il le possède. Il a obtenu une hypothèque dont l'efficacité est subordonnée à l'existence de sa créance.

C'est soumise à la même condition, que l'hypothèque entre dans le patrimoine du cessionnaire; il faut donc, pour que celui-ci puisse s'en prévaloir utilement, que la créance du cédant existe encore à l'instant où l'hypothèque est mise en mouvement par le cessionnaire. »

### B. *Renonciation.*

Après avoir plusieurs fois déjà répété dans le cours de ce travail que la renonciation à l'hypothèque de la femme produit les mêmes effets que la cession, il nous reste ici à justifier cette proposition, qui a enfin triomphé aujourd'hui du système si connu de M. Proudhon.

D'après cet auteur, la renonciation devrait profiter à tous les créanciers également et n'aurait d'autre effet que de faire disparaître l'hypothèque légale de la femme et d'avancer d'un degré les créanciers venant après elle. Nous reproduisons le texte de M. Proudhon : « Une question qui se présente encore sur ce conflit d'intérêts des créanciers, consiste à savoir quel devrait être le sort de celui qui se présenterait avec un acte portant que la femme n'a pas seulement déclaré qu'elle entendait s'obliger personnellement *pour la garantie de l'emprunt du mari, mais qu'elle a renoncé à son hypothèque en faveur du prêteur.* Cette renonciation pourrait-elle être considérée comme équipollente à une cession ou à une subrogation d'hypothèque et donner au créancier qui l'aurait obtenue un droit de préférence sur les autres? Nous croyons que cette question doit être décidée dans un sens négatif, parce qu'autre chose est de renoncer à l'exercice d'un droit, et d'y renoncer même en faveur de quelqu'un, autre chose est de lui déléguer ou céder ce même droit, pour qu'il l'exerce à

son profit sur des tiers. La renonciation n'est par sa nature que privative pour celui qui la fait. Lui donner la
force d'une cession de droits, ce serait étendre les effets
au delà de ce que comporte leur cause.

« En considérant la question de près, on ne peut
s'empêcher de voir une différence bien marquée par
la nature des choses, entre les subrogations conventionnelles et la simple renonciation. La subrogation
opère un déplacement, puisqu'elle met l'un des con-
tractants au lieu et place et dans les droits de l'autre.
Les parties qui l'ont voulue ont donc voulu une mu-
tation de droits. La renonciation, au contraire, n'est
par elle-même qu'un acte d'abstention par lequel la
femme promet de ne pas se prévaloir des avantages
qu'elle pourrait avoir sur le prêteur; il ne peut donc
en résulter ni transport, ni délégation de droits à faire
valoir sur des tiers.

« S'il en était autrement, ou si la renonciation, faite
même *in favorem*, par la femme, pouvait être seule et
par elle-même équipollente à la cession de ses droits,
il en résulterait que les créanciers envers lesquels elle
se serait personnellement obligée, ne pourraient jamais
être forcés de venir par contribution, qu'au contraire
ils devraient venir successivement à la date de leur
créance, et toujours les premiers par préférence aux
autres. Car lorsque la femme contracte avec son mari,
pour garantir l'emprunt fait par celui-ci, il est certain
qu'elle est censée renoncer à tous ses priviléges et hypothèques, en faveur du prêteur, puisqu'elle est tenue
de remplir son engagement sur tout ce qu'elle peut
avoir (art. 2092), et que le prêteur peut forcément obtenir la subrogation judiciaire, dans les droits de sa

débitrice ; or, qu'une renonciation soit expresse, ou qu'elle ne soit que tacite, ce n'est toujours qu'une renonciation ; que les parties contractantes en aient fait mention dans l'acte ou l'aient sous-entendue, elles n'ont toujours eu que la même volonté, parce qu'on veut ce qu'on sous-entend, comme on veut ce qu'on exprime. Mais puisqu'il n'est pas possible d'admettre ce système de préférence par dates, entre les créanciers qui n'ont pour eux que l'obligation personnelle de la femme, on est forcé d'arriver à cette conséquence, que la renonciation qu'elle peut avoir faite à ses hypothèques, en faveur d'un créancier, ne peut avoir seule et par elle-même les effets d'un transport qui lui donnerait un droit de préférence sur les autres » (Proud., *Usuf.*, n° 2339).

Dans ce système les renonciations *in favorem* ne sont que l'application du droit commun. Il n'y a pas de différence entre les créanciers envers lesquels la femme s'est obligée conjointement avec son mari et ceux en faveur desquels elle aurait renoncé. Les uns et les autres auront le droit d'user également de l'art. 1166 pour venir exercer leur droit de créance sur le patrimoine de la femme, en vertu des art. 2092 et 2093 du Code Napoléon ; et il y a si peu abdication de la part de la femme que les bénéficiaires de la renonciation ne viendront concourir sur la collocation de la femme que parce que le montant de cette collocation appartient à leur débitrice.

La doctrine de Proudhon a été rejetée par la généralité des auteurs ainsi que par la jurisprudence, et c'est avec raison. En effet, l'intention des parties serait méconnue, le but qu'elles se proposent ne pourrait être atteint, si la renonciation en faveur d'une personne déterminée devait être considérée comme purement extinctive. C'était là, comme nous l'apprend M. Benech (p. 21), l'idée qui avait surnagé dans l'ancien droit au milieu des controverses sans fin qu'avait suscitées chez les anciens auteurs la matière des renonciations.

« *Quotiens actus* », dit l'un d'eux, « *qui per vicem simplicis renuntiationis geritur, talis est ut ex eo contrahentes finem suum non consequerentur, nisi renuntiatio simul translativa juris esset, renuntiatio pro cessione habetur* » (Olea, *de cess. jur.*, tit. I, quest. 11, n° 5; C. A. Deluca, *Spicilegium cess. jur.*, quest. 12).

C'est là, du reste, aussi l'esprit de notre législation actuelle. En effet, lorsque la renonciation est faite en faveur d'une personne ayant un droit éventuellement préexistant sur une chose indivise, la renonciation, quand elle émane de l'un des consorts qui n'avait pas appréhendé le droit qui lui était dévolu, ne transmet rien de la part du renonçant au bénéficiaire de la renonciation qui tient alors tout de la loi et de la nature de son titre (C. Nap., art. 785 et 786). Mais si le bénéficiaire n'a pas de droit préexistant, la renonciation d'une personne saisie définitivement d'un droit ne peut être que translative (C. Nap., art. 780).

Depuis la loi de 1855 la solution que nous donnons est virtuellement consacrée par l'art. 9 de cette loi ; car cet article, après avoir parlé distinctement de la cession et de la renonciation, confond ces deux opérations sous la dénomination commune de subrogation, et montre ainsi jusqu'à l'évidence que ce sont là deux voies distinctes pour arriver à un même but, qui est la subrogation.

Plus loin encore, dans son deuxième alinéa, notre art. 9, confondant ceux qui ont obtenu des cessions avec ceux qui ont obtenu des renonciations, dit que, pour les uns comme pour les autres, la date des mentions et des inscriptions détermine l'ordre dans lequel *ils exerceront les droits hypothécaires de la femme* (voy. dans le sens de notre opinion MM. Bencch, p. 20 et 21; Bertauld, n⁰ˢ 15 et 33; Pont, n° 476); M. Mourlon, qui s'était d'abord exprimé en sens contraire dans son *Traité de la subrogation*, p. 599, est revenu sur cette opinion dans son *Exam. crit. du comm.*, de M. Tropl., n° 393; Lyon, 7 avril 1854, rej., 26 juin 1855 (Dev., 54, 2, 577; 55, 1, 670); Metz, 22 janv. 1856; J. P., 1856, 1, 183 et 376; ajoutez Grenier, 1, p. 550; Tropl., n⁰ˢ 600 et suiv.; Rivière et Huguet, n⁰ˢ 385 et suiv.; Gauthier, *Des subrog.*, n° 583).

### § 2. *Subrogation tacite.*

b) *Intervention de la femme à une obligation prise par le mari avec affectation hypothécaire, sans concours de sa part à elle à la constitution de l'hypothèque.*

Nous avons parlé, dans notre chap. II, des discussions qui se sont élevées sur la portée des différents actes desquels on a voulu induire, à tort ou à raison, une renonciation tacite; nous n'y revenons plus ici, car nous sommes fixés à ce sujet.

Il ne nous reste plus qu'une chose à établir maintenant, c'est l'effet de ces renonciations tacites. Eh bien, quant à ce dernier point, nous pensons que l'effet de la renonciation tacite est le même que celui de la renonciation expresse, en vertu de la règle : « *Eadem est vis taciti ac expressi.* »

Ce principe était admis dans notre ancien droit. Leprestre, en effet, cite un arrêt du 1er février 1602 (Cent. 3, chap. 69), par lequel il fut jugé que la femme « qui s'est obligée avec son mari à un créancier, a, par cette obligation, tacitement renoncé à l'hypothèque des conventions matrimoniales, même à icelle au profit dudit créancier....» (Notons en passant que nous n'approuvons pas cette partie de l'arrêt, car nous n'admettons pas que l'obligation, même solidairement contractée par la femme avec le mari, emporte renonciation tacite au profit du créancier). « En sorte que si, après la mort du mari, elle transporte ses deniers dotaux à un autre, ce sera inutilement pour le regard dudit premier créancier, qui est préféré au dernier sur lesdits deniers dotaux, bien que ce soient meubles, et que celui auquel elle en fait transport en fût le premier saisi, parce qu'après avoir tacitement renoncé à ses conventions, au profit du créancier envers lequel elle s'était obligée, elle ne les a pu transporter à son préjudice à un autre, n'y ayant plus de droit pour le regard du premier créancier.»

Bourjon adopte cet avis, « lequel, dit-il, est fondé sur ce que les premiers engagements de la femme emportent une cession tacite de sa dot, qui marche avant tout ; que le droit en est acquis aux premiers créanciers, et que ce droit acquis n'a pu recevoir atteinte par de nouveaux engagements » (*Droit commun*, t. XI, nos 4 et 5).

Cette doctrine sur les effets de la renonciation tacite n'est pas unanimement admise aujourd'hui. M. Benech, nous l'avons vu ailleurs, distingue entre la renonciation expresse et la renonciation tacite. « Dans la première, dit-il, la femme parlant au contrat sur l'hypothèque, il est bien difficile qu'elle puisse se faire illusion sur les effets de sa renonciation formelle, et qu'elle ne comprenne pas qu'elle s'est dessaisie d'un droit auquel elle renonce en faveur d'un autre. Mais quand elle garde le silence, comment préjuger de la même manière de sa volonté, celle-ci pouvant s'expliquer tout aussi bien par une simple renonciation à son droit de priorité, renonciation bien moins onéreuse que la renonciation transmissive? » (p. 64).

La Cour de Paris a consacré cette théorie dans un arrêt du 24 août 1853 (Dev., 53, 2, 545), où, après avoir posé en principe que la renonciation doit être faite en termes exprès, elle décide que le concours solidaire de la femme à l'acte d'obligation passé par son mari, même avec affectation hypothécaire des biens de ce dernier, a uniquement pour effet, en ce qui touche l'hypothèque légale, d'entraîner une simple renonciation à la priorité de rang de cette hypothèque sur l'hypothèque conventionnelle consentie par le même acte au profit du créancier ; et dès lors, si le créancier vient à perdre le bénéfice de son hypothèque, faute d'inscription en temps utile ou par suite de la péremption de celle qu'il avait prise, la femme reprend par elle ou par ses ayants droit, qu'elle aura valablement subrogés à son hypothèque légale, le rang qui lui appartient en vertu de cette hypothèque.

Il y a là une grave erreur. La Cour de Paris a considéré l'exercice de l'hypothèque légale entre les mains du subrogé comme dépendant de l'existence de l'hypothèque conventionnelle qui lui avait été consentie par le mari. Mais ce sont là deux garanties qui, bien que résultant pour le créancier du même acte, sont indépendantes l'une de l'autre. Peu importe l'existence ou la non-existence de l'hypothèque conventionnelle, à la constitution de laquelle la femme n'a pas participé. Il reste toujours que la femme a subrogé tacitement à son hypothèque légale, et du moment qu'au jour de la liquidation la femme est créancière d'une somme quelconque, le subrogé pourra venir toucher le montant de cette collocation jusqu'à concurrence de sa propre créance.

Du reste, notre manière de voir n'empire d'aucune façon la position de la femme. Supposons d'abord l'hypothèque conventionnelle subsistante au jour de la liquidation. Si elle vient en ordre utile, la femme et le créancier seront payés. Que si elle ne vient pas en ordre utile, mais que l'hypothèque de la femme trouve des biens sur lesquels s'exercer, le créancier subrogé sera rempli d'abord de ce qui lui est dû, et le restant, s'il y en a, reviendra à la femme.

Et nous disons qu'il n'y a pas de différence entre cette première hypothèse et celle où l'hypothèque conventionnelle serait éteinte pour une cause quelconque au jour de la liquidation. Si, en effet, cette hypothèque conventionnelle éteinte pouvait assurer, en la supposant existante encore, le paiement du créancier, la femme, dont le créancier sera venu toucher la collocation, aura à son service, malgré l'extinction de l'hypothèque conventionnelle du subrogé, une nouvelle hypothèque légale résultant en sa faveur des art. 1431 et 2135, 2ᵉ al., nᵒ 3, cbn., comme indemnité de l'engagement qu'elle a contracté dans l'intérêt du mari. Au moyen de cette hypothèque légale, datant du jour de la constitution de l'hypothèque conventionnelle et de la subrogation , elle viendra toucher la somme qui serait revenue au créancier, s'il avait fait inscrire son hypothèque conventionnelle le jour même où elle lui a été consentie. L'hypothèque légale dont nous parlons sera même plus profitable à la femme que si elle était obligée de se contenter de l'hypothèque conventionnelle du créancier, en échange de sa première hypothèque légale, dans laquelle elle a subrogé ce dernier ; car le créancier pourrait n'avoir inscrit son hypothèque conventionnelle que longtemps après le jour de la constitution , de sorte que la femme, si elle était obligée de s'en tenir à cette hypothèque conventionnelle, pourrait être primée par d'autres créanciers du mari , ayant obtenu une hypothèque qu'ils ont inscrite immédiatement sur ses biens dans l'intervalle de la constitution et de l'inscription de la première hypothèque conventionnelle.

Si enfin cette même hypothèque éteinte que nous supposerons encore une fois subsistante pour la justification de ce que nous soutenons, n'arrivait pas en ordre utile, la femme tout en n'ayant consenti qu'une renonciation à la priorité comme le suppose M. Benech, n'aurait entre ses mains qu'un titre inutile.

Il importe donc peu, tant au point de vue des principes sur la renonciation, qu'au point de vue des intérêts de la femme, que l'hypothèque conventionnelle du créancier en faveur duquel la femme a renoncé à son hypothèque légale, existe encore au jour de la liquidation de la société conjugale, pour que le créancier puisse venir exercer les droits garantis à la femme par son hypothèque légale.

La Cour de cassation sur cette question n'a pas suivi les errements de la Cour de Paris, car elle a décidé le 8 août 1854 (Dev., 54, 1, 521) : que la femme qui s'oblige solidairement avec son mari envers un tiers, et qui consent à hypothéquer à la sûreté de cette obligation des immeubles du mari affectés à son hypothèque légale, *transporte virtuellement à ce créancier ses droits sur lesdits immeubles et par conséquent sur son hypothèque légale ;* que partant le créancier, s'il vient à perdre le bénéfice de son hypothèque conventionnelle, faute d'inscription en temps utile ou par la péremption de celle qu'il avait prise, n'en doit pas moins être colloqué, *comme subrogé dans l'hypothèque légale,* à la date de son contrat (en ce sens, Pont, n° 477).

*c) Concours de la femme soit à la vente soit à l'affectation hypothécaire d'un immeuble du mari ou de la communauté.*

L'hypothèse que nous allons examiner ne tombe pas, à proprement parler, sous l'application de l'art. 9 de la loi du 23 mars 1855.

Et d'abord il est impossible de confondre la position du créancier subrogé par la femme avec celle de l'acquéreur. Que recherche en effet le créancier quand il se fait subroger à l'hypothèque légale? Un surcroît de garantie, un rang utile sur les biens du mari pour le recouvrement de sa créance. En est-il de même de l'acquéreur? Ce dernier a-t-il un recouvrement à effectuer? non ; aussi ne tend-il pas à devenir maître de l'hypothèque légale de la femme, qui lui serait inutile ; ce qu'il veut c'est l'extinction de cette hypothèque, ce qu'il recherche c'est un moyen expéditif et non dispendieux d'opérer une sorte de purge.

Ceci posé, peut-on soutenir que les termes *d'ordre* et de *rang*, dans lequel les cessionnaires ou subrogés exerceront les droits hypothécaires de la femme, dont il est exclusivement question dans l'art. 9 de la loi de 1855, s'appliquent à l'acquéreur comme au *créancier* subrogé? Comment accuser la loi d'une pareille confusion, quand elle s'est expliquée implicitement il est vrai, mais très-clairement sur ce point!

Aussi croyons-nous qu'aujourd'hui surtout il faut rejeter bien loin l'opinion de Proudhon qui, après avoir si étrangement sacrifié les droits du *créancier* subrogé par voie de renonciation, vient nous dire: «que l'aliénation du fonds consentie par les deux époux, opère nécessairement au profit de l'acquéreur le transport de tous les droits des vendeurs; qu'elle emporte par sa nature la cession de tous les droits que l'un et l'autre avaient dans la chose, qu'en un mot il y a renonciation translative.» Nous disons, au contraire, que cette renonciation de la part de la femme est simplement extinctive, et en cela nous suivons l'avis de M. Coin-Delisle, qui a jeté un très-grand jour sur cette discussion dans une consultation rapportée par M. Pont, n° 483.

« Quand je vends ma maison et que je la livre », dit M. Coin-Delisle, «je renonce certainement au plaisir d'en jouir et à l'avantage de la posséder; quand je fais un bail, je renonce aux fruits naturels de ma ferme pendant la durée du bail; quand je cautionne la vente d'un immeuble, je renonce aux droits de propriété que je pourrais prétendre sur la chose vendue. Or, toutes ces renonciations implicites ne sont ni actes ni déclarations de renonciation; ce sont des suites ou des conséquences de mon obligation principale; elles éteignent des droits qui seraient contraires à cette obligation. Elles ne transfèrent rien à l'acquéreur du droit principal, quoiqu'il profite de l'extinction absolue ou temporaire de mon droit. C'est la conséquence du principe écrit dans l'art. 1135 du Code Napoléon : « Les conventions obligent non-seulement à ce qui y est exprimé, mais encore à toutes les suites que l'équité, l'usage et la loi donnent à l'obligation suivant sa nature. » Donc le concours solidaire de la femme à la vente que fait le mari ou son cautionnement à la même vente, n'opère ni cession ni renonciation translative de l'hypothèque légale en faveur de l'acquéreur, dans le sens de l'art. 9 de la loi du 23 mars 1855; ils en opèrent l'extinction par l'effet même de la convention, à l'égard de la chose vendue : c'est l'extinction par *remise de dettes,* ou pour parler plus strictement *par remise ou libération du gage.* » On ne saurait mieux dire ni rencontrer plus juste, ajoute M. Pont.

De ce que nous considérons la renonciation tacite de la femme, en faveur du tiers acquéreur, comme extinctive, et non pas comme translative, il y a une première conséquence à déduire : c'est que la femme, n'ayant rien transmis de son hypothèque à l'acquéreur, ne perdra pas son droit de préférence; le droit de suite seul sera éteint. La renonciation n'a d'effet qu'entre la femme et l'acquéreur, et ce serait étendre cet effet au profit des créanciers hypothécaires avec lesquels la femme n'a pas traité, que de vouloir priver cette dernière de son droit de préférence. Et d'ailleurs qu'importe l'exercice du droit de préférence de la femme, à l'acquéreur; n'est-il pas débiteur de son prix; ne le paie-t-il pas valablement entre les mains de la femme, qui, malgré sa renonciation à son droit de suite, doit toujours primer les créanciers hypothécaires postérieurs du mari, à l'égard desquels ses droits sont entiers ?

L'opinion contraire à celle que nous soutenons pouvait cependant, avant la loi du 21 mai 1858, trouver un point d'appui dans la jurisprudence de la cour de cassation sur une question analogue. Cette cour, en effet, depuis un arrêt du 11 août 1829, jusqu'à l'arrêt solennel des chambres réunies du 23 février 1852, a invariablement décidé, que la femme dont l'hypothèque légale sur les biens de son mari a été purgée ne peut plus exercer aucun droit sur le prix de ces biens, la purge éteignant l'hypothèque aussi bien à l'égard des créanciers et du prix, qu'à l'égard de l'acquéreur et de l'immeuble. La Cour de cassation, en jugeant ainsi, confondait à grand tort, deux droits distincts, le droit de suite qui intéresse particulièrement les créanciers, dans leurs rapports avec le détenteur de l'immeuble affecté de leur hypothèque, et le droit de préférence complétement étranger au détenteur, et qui ne concerne que les créanciers dans leurs rapports entre eux. Dans son arrêt de 1852, la cour avait posé en principe, que le prix n'étant que la représentation de l'immeuble affranchi de l'hypothèque, le droit de collocation n'est que la continuation et la conséquence du droit de suite, en sorte que le dernier droit étant perdu, le premier est perdu par cela même.

En présence de notre législation actuelle nous ne chercherons pas à démontrer la fausseté de cette doctrine qui du reste saute aux yeux. La loi du 21 mai 1858, modificative du Code de procédure sur les ordres, et sur quelques points de la saisie immobilière, sanctionne, dans certaines limites, la survie du droit de préférence au droit de suite.

Disons cependant que sur la question principale qui nous occupe en ce moment, celle de savoir si la femme qui a éteint son droit de suite par une renonciation, conserve encore son droit de préférence, les tribunaux ont constamment admis l'affirmative, et la Cour de cassation elle-même a toujours décidé en ce sens. Pour ne citer que l'arrêt du 21 février 1849 (J. P., 1850, II, p. 66), elle y pose en principe que le fait par la femme mariée d'avoir concouru à la vente consentie par son mari d'un immeuble dépendant de la communauté, n'emporte pas renonciation à son hypothèque légale sur cet immeuble au profit des autres créanciers de son mari.

La seconde conséquence à déduire de ce que la renonciation de la femme en faveur d'un acquéreur est simplement extinctive, c'est que cette renonciation produit par elle-même un effet plein et entier au point de vue de la purge de l'immeuble et de l'extinction de l'hypothèque.

On a soutenu cependant que depuis la loi de 1855, l'acquéreur est tenu de porter la renonciation de la femme à la connaissance des tiers, soit par une inscription de l'hypothèque légale de la femme avec mention de la renonciation et déclaration que l'hypothèque de la femme frappe les immeubles du mari autres que l'immeuble vendu, soit par une inscription en faveur de la femme, en la faisant ensuite émarger de la renonciation, soit enfin, selon MM. Rivière et Huguet (n° 391), par une inscription au profit de l'acquéreur lui-même sur l'immeuble par lui acquis, inscription sujette au renouvellement décennal. La même opinion a été soutenue par M. Alexis Leroux, avocat à la Cour de cassation, dans une dissertation insérée au journal *Le contrôleur de l'enregistrement*, janvier 1856, art. 10689, 3ᵉ question.

Pour ce qui est de la purge de l'hypothèque à l'égard de la femme, nous n'insistons pas, car il est impossible de soutenir, avec la moindre apparence de raison, que la renonciation de la femme est insuffisante pour purger l'immeuble à son égard.

Nous avouons que, quant à l'inscription qu'exigent les auteurs que nous venons de citer, nous n'en verrions pas l'utilité, si on ne prenait la peine de nous apprendre « qu'elle servira à garantir l'acquéreur contre les autres créanciers subrogés à l'hypothèque de la femme.»

Cette dernière proposition se justifie-t-elle; ou au contraire, l'acquéreur en faveur duquel la femme a renoncé, qui n'a pas pris inscription, mais qui a fait transcrire son titre, n'est-il pas à l'abri de toutes les attaques que pourront diriger contre lui les subrogés à l'hypothèque légale de la femme antérieurs ou postérieurs à la vente?

Examinons: supposons d'abord l'acquéreur en présence de subrogés antérieurs à la vente.

Les créanciers subrogés par la femme depuis le 1ᵉʳ janvier 1856, et qui n'auront pas fait inscrire leur subrogation conformément à l'art. 9 de la loi du 23 mars 1855, avant la transcription de la vente, seront empêchés de l'inscrire par le seul effet de la transcription. C'est qu'aux termes de l'art. 6 de la loi de 1855, la transcription d'une vente purge tous les droits conférés antérieurement sur l'immeuble, lorsqu'ils n'auront pas reçu la publicité exigée par cette loi. Or, par son art. 9, elle soumet la subrogation à l'hypothèque légale de la femme à la formalité de l'inscription, le créancier subrogé dans cette hypothèque n'en est saisi à l'égard des tiers que par l'inscription, l'acquéreur est évidemment un tiers à son égard, donc le subrogé qui n'aura pas donné en temps utile, à son droit, la publicité voulue, ne pourra plus venir par une inscription tardive inquiéter l'acquéreur qui a transcrit.

Accorderons-nous plus de faveur au créancier qui n'a traité avec la femme qu'alors qu'elle s'était déjà dépouillée de son droit de suite sur l'immeuble vendu ? La femme a-t-elle donc pu transmettre un droit qu'elle n'avait plus ?

Mais le contraire est élémentaire. Et que le subrogé ne vienne pas dire à l'acquéreur : « Il est un mode spécial, l'inscription, pour porter la subrogation à l'hypothèque de la femme à la connaissance des tiers ; j'ai consulté le registre des inscriptions, je n'en ai trouvé aucune qui vous concernât, donc vous n'êtes pas saisi à mon égard ; » car l'acquéreur lui répondra victorieusement : « Non, je ne suis pas saisi, la femme ne m'a pas transmis son hypothèque, je n'ai acquis qu'un immeuble affranchi de l'hypothèque de la femme, et ce fait, je devais le porter à la connaissance des tiers par la *transcription* et non par l'*inscription.* »

La transcription, du reste, ne suffit-elle pas pour garantir tous les intérêts protégés par la loi de 1855 ? Le prêteur sur hypothèque, en effet, avant de vérifier si l'immeuble qu'on veut lui engager est absorbé par les inscriptions de précédents créanciers, doit s'assurer si l'immeuble qu'on lui présente pour gage appartient encore à son débiteur. En recourant au registre des transcriptions, il sera suffisamment éclairé, s'il y voit que l'immeuble du mari ou de la communauté, qu'on a voulu lui hypothéquer, a passé entre les mains d'un tiers avec le concours de la femme (voy. en ce sens l'article de **M. Duchesneau**, *Revue critique*, 1857, t. XI, p. 189).

### APPENDICE.

*Spécialités sur certaines circonstances qui fixent le droit du subrogé de venir exercer l'hypothèque légale de la femme.*

Jusqu'ici nous n'avons parlé que d'une époque unique, celle de la dissolution de la société conjugale par l'une des causes indiquées en l'art. 1441 du Code Napoléon, comme ouvrant pour le subrogé le droit d'user de l'hypothèque légale de la femme, si à cette époque il n'est pas désintéressé. Il en est d'autres encore que nous allons indiquer.

Supposons d'abord que le subrogé soit un créancier de la femme et n'ait pas le mari pour obligé personnel. La femme, on le sait, tant que dure le mariage et qu'elle n'a pas obtenu de séparation, ne peut troubler son mari dans la jouissance de sa dot, elle ne peut pas provoquer le paiement de ses reprises ; il en est de même de son créancier personnel qu'elle a subrogé dans l'hypothèque garantissant ces reprises.

Mais il peut se faire qu'un créancier du mari ou un acquéreur ait fait ouvrir un ordre sur le prix de biens du mari ou de la communauté, vendus amiablement ou expropriés. Alors la femme, comme mesure conservatoire, peut réclamer collocation éventuelle, sauf à ne pas en obtenir la disposition et à en assurer les intérêts au mari. Ce droit appartient aussi au subrogé dans les mêmes conditions. Il est un cas cependant où le subrogé, créancier de la femme, peut poursuivre directement et spontanément le remboursement des créances comprises dans la subrogation. Ceci a lieu quand le mari est en déconfiture. Alors, nous dit l'art. 1446, « les créanciers personnels de la femme peuvent exercer les droits de leur débitrice jusqu'à concurrence du montant de leurs créances. »

Dans le cas où le subrogé est en même temps créancier du mari, comme il appartient à tout créancier hypothécaire ou chirographaire d'exproprier son débiteur du moment où la dette est exigible, le subrogé, dans ces circonstances, pourra exercer, dans l'ordre auquel il a donné naissance par ses poursuites, les mêmes droits que la femme, dont il est l'ayant cause (en ce sens Bertauld, n° 112).

## CHAPITRE V.

### DE LA PUBLICITÉ A LAQUELLE EST SOUMISE LA SUBROGATION A L'HYPOTHÈQUE LÉGALE DE LA FEMME.

Nous avons vu, dans notre chap. III, que le créancier subrogé à l'hypothèque légale de la femme n'était, avant 1855, obligé par aucune disposition légale de donner à son droit une publicité quelconque pour en être saisi à l'égard des tiers. Nous savons aussi qu'en cas de subrogations successives, consenties par la femme, l'ordre dans lequel les créanciers venaient exercer les droits de cette dernière était réglé par la date de leurs titres.

Malgré cet état de choses, et dès avant la loi du 23 mars 1855, le créancier subrogé avait cependant un intérêt puissant à faire connaître son droit, car s'il n'avait pas fait inscrire sa subrogation, il se serait exposé souvent à n'avoir plus entre les mains qu'un titre inutile. En effet, les immeubles du mari pouvaient être vendus à l'insu du subrogé, qui n'avait plus aucune réclamation à faire contre le tiers détenteur, lorsque ce dernier avait valablement payé son prix entre les mains du mari, faute d'inscription requise en temps utile par le subrogé ou la femme touchée de la signification qu'exige l'art. 2194 pour la purge des hypothèques légales.

Ceci établi, il nous reste à exposer les changements introduits par l'art. 9 de la loi du 23 mars 1855 à cet ancien état de choses.

D'après l'art. 9 de la susdite loi, que nous avons transcrit au chap. III, les subrogés ne sont saisis, à l'égard des tiers, de l'hypothèque légale de la femme « que par l'inscription de cette hypothèque prise à leur profit ou par la mention de la subrogation en marge de l'inscription préexistante. »

En vertu de cette disposition, ce qui avant la loi de 1855 n'était que facultatif, devient aujourd'hui obligatoire, il *faut* une certaine publicité, dont nous aurons à préciser successivement : 1° la forme, 2° l'objet et 3° les effets.

*1° De la forme de la publicité.*

La seule lecture de notre art. 9 nous apprend que la

subrogation peut être portée à la connaissance des tiers de deux manières différentes : 1° par l'inscription de l'hypothèque légale de la femme prise au profit du subrogé ; 2° par la mention de cette subrogation en marge de l'inscription préexistante.

Plaçons-nous d'abord dans l'hypothèse où le subrogé n'a pas obtenu une hypothèque conventionnelle sur les biens du mari. Comment, dans ce cas, devra-t-il opérer pour remplir la condition de publicité qui lui est imposée par l'art. 9 ? Devra-t-il employer cumulativement les deux moyens indiqués par notre article, l'inscription *et* la mention, ou bien l'un de ces deux modes suffira-t-il selon les circonstances ?

En présence de l'art. 9 il n'y a pas, en vérité, de doute possible. La disjonctive *ou* dont il se sert, ne permet pas de soutenir que ces deux formalités, l'*inscription* et la *mention*, doivent être cumulées.

Mais des commentateurs de cette loi étant venus prétendre, sans tenir compte de sa rédaction, qu'elle exige l'emploi simultané de l'inscription et de la mention, nous devons examiner si cette doctrine est fondée. M. Mourlon (*Revue prat. de droit français*, t. I, p. 89 et suiv.) prend la mention dont il est question dans l'art. 9, comme une formalité nécessaire dans toutes les hypothèses ; il dit que rien, pas même l'inscription prise en son nom par le subrogé, ne peut suppléer la mention en marge de l'inscription de la femme. M. Troplong (*De la transcription*, n°s 321 et 340) soutient que désormais le subrogé aura à remplir deux formalités tellement liées entre elles, que la première, qui consiste dans l'inscription à prendre par le subrogé à son profit, serait le moyen de parvenir à la seconde, consistant dans la mention de la cession en marge de l'inscription de la femme.

Pour combattre l'opinion de ces savants jurisconsultes, nous ne pouvons nous borner à leur opposer le texte, pourtant si clair, de la loi, puisque, ayant connu le texte, ils ont passé outre. Mais nous espérons qu'après avoir établi que l'esprit de la loi est parfaitement d'accord avec le texte, tel que nous l'entendons, il n'y aura plus de doute possible, et que l'on devra décider que le subrogé n'aura à employer que l'une ou l'autre des deux formalités indiquées par notre article, selon les circonstances.

La disposition légale dont nous nous occupons découle très-directement des projets de réforme élaborés de 1849 à 1851. On sait que l'intention du législateur de cette époque était de soumettre l'hypothèque légale de la femme à la publicité, même quand elle se trouvait entre les mains de cette dernière; et le meilleur moyen dans ce système, de porter les droits du subrogé à la connaissance des tiers, était la mention de la subrogation en marge de l'inscription qui aurait dû être prise pour la femme. C'était le moyen que consacrait le projet du gouvernement (art. 2127), et l'Assemblée législative l'avait également admis par l'art. 2115 de son premier projet.

Mais l'Assemblée législative étant revenue à la pensée du Code, voulut conserver à la femme la dispense d'inscrire son hypothèque légale, tant qu'elle se trouverait entre ses mains, et à la seconde lecture, le projet reparut avec un art. 2130, qui, comme notre art. 2135 actuel, dispensait de l'inscription l'hypothèque légale de la femme. On avait cependant oublié de faire à l'art. 2115 une modification corrélative à celle que venait de recevoir le principe dans l'art. 2130.

La mention de subrogation en marge de l'inscription de la femme était le seul moyen indiqué pour porter la subrogation dans l'hypothèque de la femme à la connaissance des tiers. Mais les délégués des notaires firent observer, que l'hypothèque légale de la femme restant dispensée de l'inscription, il conviendrait de donner aux subrogés à cette hypothèque, le droit de publier leur subrogation par une inscription prise en leur nom, et proposèrent qu'à ces mots de l'art. 2115 du projet *« en marge de l'inscription de la femme »*, l'on ajoutât ceux-ci *« ou par une inscription directe à leur profit. »*

La commission de l'Assemblée législative, vu la justesse de cette observation, avait rédigé en ce sens l'art. 2148 du projet préparé pour la troisième délibération : art. 2148 : «La femme peut, par acte notarié, céder son hypothèque légale, y subroger ou y renoncer en faveur d'un tiers, sous la restriction déterminée par l'art. 2104. Celui au profit duquel a été faite la cession, subrogation ou renonciation, prévue par le paragraphe précédent, n'est saisi à l'égard des tiers ayant des droits du chef de la femme, que par la mention de ladite cession, subrogation ou renonciation en marge de l'inscription de l'hypothèque légale, *si elle a été prise* et *si cette inscription n'existe pas*, par l'énonciation du droit qu'il tient de la femme, soit dans l'inscription de sa propre créance contre le mari, soit dans une inscription spéciale. Entre plusieurs ayants cause de la femme, la préférence est déterminée par les dates des mentions ou inscriptions. »

Et maintenant, ces documents si récents relativement à la loi de 1855 peuvent-ils laisser un doute sur
l'intention des rédacteurs de cette loi, de n'exiger que
l'une ou l'autre des deux formalités indiquées en l'art.
9, suivant les cas? A la vérité, le législateur de 1855 n'a
pas emprunté sa rédaction à celui de 1851, et il n'en
est que plus logique. Il indique comme premier moyen
de publicité *l'inscription requise par le subrogé à son
profit*, parce que le plus souvent l'hypothèque légale
de la femme n'est pas inscrite; puis, prévoyant le cas
le plus rare, celui où cette hypothèque est inscrite, il
nous dit d'une manière très-explicite, qu'il suffira que
le subrogé fasse mention de sa subrogation en marge
de l'inscription préexistante.

Ajoutons toutefois que la loi de 1855 est dans son
art. 9 moins absolue que le projet de 1851. En effet,
cette loi, tout en admettant que le cas où l'hypothèque
de la femme est déjà inscrite, est le seul qui donne lieu
à la mention en marge, ne dit pas comme le projet de
1851, que le subrogé n'aura pas d'autre moyen de
rendre la subrogation publique; alors même que l'hypothèque de la femme est déjà inscrite, l'art. 9 n'empêche pas le subrogé de prendre une inscription à son
profit s'il le préfère.

Concluons donc de tout ce qui précède, et contrai-
ment à l'opinion de MM. Mourlon et Troplong, que
lorsque l'hypothèque de la femme n'est pas inscrite encore, l'inscription prise au nom du subrogé suffit sans
la mention en marge, qui ne devient nécessaire que si
l'hypothèque de la femme est déjà inscrite, à moins
que le subrogé n'aime mieux prendre en son nom une
nouvelle inscription.

Ce que nous venons de dire du créancier subrogé, qui n'a pas obtenu en même temps une hypothèque conventionnelle sur les biens du mari, s'applique aussi à celui en faveur duquel le mari a constitué hypothèque sur ses biens, lorsque l'hypothèque conventionnelle et la subrogation à l'hypothèque légale ont été inscrites séparément.

Mais si au lieu de cela, le subrogé avait réuni dans une même inscription l'hypothèque conventionnelle et l'hypothèque légale, cette manière de procéder serait-elle conforme au vœu de la loi?

Notons d'abord que dès avant la loi de 1855, et alors que le subrogé, qui n'était pas obligé de porter à la connaissance des tiers l'hypothèque légale de la femme, voulait cependant l'inscrire dans le but indiqué plus haut, c'était d'ordinaire par un seul et même bordereau qu'il réquérait inscription de l'hypothèque conventionnelle sur les biens du mari et mention de subrogation à l'hypothèque de la femme.

Cette mention faisait corps dans les registres du conservateur avec l'inscription de l'hypothèque conventionnelle, et l'on désignait sous le nom de *mention de subrogation* ce mode d'inscrire l'hypothèque légale de la femme qui, pendant nombre d'années, était considéré comme irréprochable. Ce qui le prouve, c'est que dans les formulaires donnés dans les ouvrages spéciaux depuis 1824, on lit que le créancier qui a pour garantie une hypothèque conventionnelle et une subrogation à l'hypothèque légale, satisfait à toutes les conditions de publicité lorsqu'il comprend les deux hypothèques dans la même inscription et se borne à requérir pour l'hypothèque légale, *mention de la sub-*

*rogation sur les registres du conservateur* (*Dict. du not.*, 2ᵉ édit. ; vᵒ *Inscript. hypoth.*, p. 424 ; 3ᵉ édit., *eod. verb.*, form. XI. MM. Ed. Clerc et Dalloz, *Man. du not.*, Iʳᵉ part. , p. 67).

C'est en ce sens aussi que se prononçait une jurisprudence à peu près unanime. La cour de Paris avait jugé ainsi dans quatre arrêts successifs (24 août 1840, 25 janvier 1851, 30 juin 1853 et 31 août 1854 ; J. P., 1840, p. 68 ; 1854, 2 p. 218 et 510 ; Dev., 1855, 2, 177 ; *Journ. des not. et des avocats*, art. 13,856, 14,304, 15,293 ; *Journ. des conserv.*, art. 1026).

La Cour de cassation suivait cette jurisprudence et la confirmait par un arrêt de la chambre des requêtes du 13 novembre 1854 (J. P., 55, 1, 5 ; Dall., 55, 1, 113 ; Dev., 55, 1, 193), en décidant que l'inscription particulière de l'hypothèque de la femme par l'un des créanciers subrogés ne donne à ce créancier aucun droit de préférence ou de priorité sur les autres, *lorsque déjà l'existence de cette hypothèque légale a été révélée par l'inscription prise par un autre créancier de son hypothèque conventionnelle avec mention de la subrogation à l'hypothèque légale à lui consentie par la femme.*

Mais la chambre civile a condamné tous ces précédents en rejetant, par arrêt du 4 février 1856, le pourvoi dirigé contre un arrêt de la cour d'Orléans qui avait décidé : « que les inscriptions d'hypothèques conventionnelles prises par les créanciers subrogés, *quoique relatant la subrogation à l'hypothèque légale de la femme,* ne sauraient équivaloir à l'inscription de cette hypothèque légale, inscription soumise comme toutes les autres à des conditions et à des formes substantielles, dont on ne retrouve aucun équivalent dans ces mentions, *qui n'ont en réalité d'autre but que de manifester la volonté des inscrivants de réclamer le bénéfice des subrogations consenties en leur faveur.*

La chambre civile a dit à son tour en rejetant le pourvoi « que l'inscription de l'hypothèque légale de la femme est soumise à des formalités substantielles prescrites par l'art. 2153 du Code Napoléon; que la simple *mention* de subrogation dans cette hypothèque *accessoirement* à l'inscription d'une hypothèque conventionnelle, ne présentant pas toutes les conditions voulues par la loi pour l'inscription de l'hypothèque légale elle-même, ne saurait *équipoller* à cette inscription et la remplacer; qu'en le jugeant ainsi la cour d'Orléans n'a fait que se conformer à la loi » (rej. 4 fév. 1856; Dall., 56, 1, 64; Dev., 55, 1, 225; J. P., 56, 1, 449).

M. Pont, dans un savant article inséré dans la *Revue critique* (1856, t. IX, p. 97), combat l'arrêt de 1856; en effet, que de sérieuses objections n'y a-t-il pas à lui faire !

Et d'abord la Cour de cassation, allant contre toutes les idées reçues depuis si longtemps avec confiance dans la pratique, jette la perturbation dans des intérêts privés que, selon toutes les probabilités, on pouvait croire solidement établis. La Cour de cassation, en condamnant rétrospectivement l'usage des mentions de subrogation, ne laisse plus entre les mains des subrogés qu'un droit incertain et précaire. Et pour n'en donner qu'un exemple : dans l'espèce de l'arrêt rendu par la Cour suprême, nous voyons un de ces droits qui, né en 1839 et rendu public immédiatement en la forme usitée comme répondant à toutes les exigences de publicité, disparaît cependant en 1856 et s'efface devant une créance qui n'avait pris naissance qu'en

1847, huit ans après lui, et dont le titre de préférence s'est trouvé dans une inscription faite en 1851 seulement.

Malgré cette considération d'utilité, si grande cependant, nous comprendrions que la Cour suprême eût condamné les mentions de subrogation, si elles étaient contraires à quelque principe de notre législation. Mais sur quels principes se fonde la Cour pour motiver sa décision? A la vérité, cela serait assez difficile à préciser, vu le laconisme de l'arrêt sur ce point. Quelques interprètes ont cru cependant pouvoir avancer que la pensée de l'arrêt de 1856 a été de condamner les inscriptions collectives; ils se basent sur le mot *accessoirement* qui se trouve dans l'arrêt. Pour réfuter l'induction qu'on voudrait tirer de ce terme, nous n'avons pas, à la vérité, à opposer un texte spécial du Code Napoléon, qui permette absolument d'opérer par bordereaux cumulatifs ou inscriptions collectives, mais nous en avons du moins quelques-uns qui le supposent. En effet, l'art. 2148, en exigeant la reproduction d'un bordereau rédigé en double minute, permet que l'un des deux doubles soit porté sur l'expédition du titre, acte ou jugement qui donne naissance au privilége ou à l'hypothèque; il suppose donc établie pour le créancier la faculté de requérir des inscriptions collectives, par un seul bordereau également collectif, de décrire cumulativement des hypothèques distinctes dans un bordereau commun, puisque le titre peut être complexe, contenir des chefs distincts et indépendants. Ce même article ajoute que le bordereau comprendra le montant du capital *des créances* exprimées par le titre ou évaluées par l'inscription.

Tout ceci est déjà bien important pour établir la validité des inscriptions collectives, mais nous avons mieux encore. L'art. 21 de la loi du 21 ventôse an VII, relativement à l'organisation de la Conservation des hypothèques, dispose : « qu'il ne sera payé qu'un seul droit d'inscription pour chaque créance, quel que soit d'ailleurs le nombre des créanciers requérants et celui des débiteurs grevés. » De plus, le tableau des salaires dus aux conservateurs des hypothèques, annexé au décret du 21 septembre 1810, alloue, dans son numéro 2°, au conservateur le salaire de un franc pour l'incription de chaque droit d'hypothèque ou de privilége, quel que soit le nombre des créanciers, si la formalité est requise par le même bordereau. C'est sur l'autorité des principes déposés dans ces textes qu'une circulaire du ministre des finances du 12 janvier 1813, encore en vigueur aujourd'hui, décide : « qu'un créancier ayant plusieurs créances sur le même débiteur peut les comprendre toutes dans un seul bordereau, *alors même qu'elles résulteraient de titres différents.*

Enfin, c'est dans ce sens que la cour de Besançon, le 25 mai 1840 (Dev., 40, 2, 453), a jugé: « Qu'en droit la formalité des inscriptions de l'hypothèque a pour but de donner aux tiers connaissance de toutes les charges qui grèvent les immeubles et que le but est suffisamment rempli lorsque le bordereau d'inscription contient les énonciations voulues par la loi, *quel que soit d'ailleurs le nombre des créanciers d'un même débiteur compris dans le bordereau* »; et la Cour de cassation, s'appuyant sur l'art. 2148 du Code Napoléon la loi du 21 vent. an VII et le décret du 21 sept. 1810, déclara, en rejetant le pourvoi formé contre l'arrêt de Besançon,

que la cour n'avait contrevenu ni aux dispositions de
l'art. 2148 ni à celles d'aucune autre loi (Rej., 17 sept.
1845 ; Dev., 46, 1, 185 ; Dall., 46, 1, 42). Pour en revenir à notre question, ce n'est donc pas parce que
l'hypothèque légale de la femme se trouvait comprise
dans la même inscription que l'hypothèque conventionnelle, ce n'est pas, en un mot, parce qu'elle aurait
vu là une inscription collective prohibée par la loi, que
la Cour de cassation a par son arrêt de 1856 condamné
*les mentions de subrogation.*

Serait-ce, comme le dit l'arrêt maintenu de la cour
d'Orléans, parce que la mention diffère de l'inscription
par son objet, en ce que le créancier requérant demande la mention, non pas de l'hypothèque, mais de
la subrogation et n'a d'autre but que « *de manifester sa
volonté de réclamer le bénéfice de cette subrogation ?* »
En vérité, c'est là une inexactitude par trop palpable et
par trop en opposition avec les principes connus pour
que nous ayons besoin de nous y arrêter longtemps.
Que le créancier qui demande mention de la subrogation dans l'hypothèque d'une femme mariée manifeste
par là sa volonté de réclamer le bénéfice de la subrogation, nous le voulons bien ; mais en même temps qu'il
manifeste cette volonté, ne porte-t-il pas à la connaissance des tiers que cette hypothèque lui a été transférée
par la femme jusqu'à concurrence d'une somme déterminée, en vertu de tel ou tel titre ; n'est-ce pas là donner à l'hypothèque de la femme une publicité suffisante,
même d'après la loi de 1855 ?

Enfin, la Cour de cassation nous apprend à son
tour que, si la mention de la subrogation dans l'hypothèque légale n'équipolle pas à l'inscription, c'est

« parce qu'elle ne présente pas toutes les conditions
voulues par la loi pour l'inscription de l'hypothèque
légale elle-même.» Ces conditions sont indiquées en
l'art. 2153 du Code Napoléon ; ce sont : 1º Les nom,
prénoms, profession et domicile du créancier et le domicile qui sera par lui ou pour lui élu dans l'arrondis-
sement ; 2º les nom, prénoms, profession, domicile
et désignation précise du débiteur ; 3º la nature des
droits à conserver et le montant de leur valeur quant
aux objets déterminés, sans être tenu de le fixer, quant
à ceux qui sont conditionnels, éventuels ou indéter-
minés.

Or, lorsqu'il s'agit d'une mention de subrogation
faite concurremment avec l'inscription d'une hypothèque conventionnelle, ces énonciations se trouvent
dans la mention même, ou si elles ne s'y trouvent pas
toutes, la mention qui fait corps avec l'inscription de
l'hypothèque conventionnelle emprunte à cette dernière
les énonciations qui leur sont communes, telles que les
désignations du créancier et du débiteur. Quant aux
énonciations du nº 3 de l'art. 2153, elles se placeront
forcément dans la mention même. C'est là qu'en énon-
çant la somme pour laquelle il est subrogé, le requérant exprimera que jusqu'à concurrence de cette somme
il s'inscrit pour les reprises, créances et droits matrimoniaux de la femme sur le mari.

Une pareille mention de subrogation ne renferme-t-
elle pas toutes les énonciations exigées par l'art. 2153
du Code Napoléon pour l'inscription de l'hypothèque
légale de la femme ? Mais est-il donc possible de diviser
les énonciations d'une pareille inscription ? Et parce
que les désignations du créancier et du débiteur ne se

trouveraient que dans l'inscription de l'hypothèque conventionnelle, pourrait-on séparer de cette dernière la mention de subrogation, pour rattacher exclusivement les susdites désignations à la seule hypothèque conventionnelle ?

Les partisans mêmes de l'arrêt de 1856 ont bien compris que cela serait impossible (M. Cuënat, *Observ. sur l'arrêt du 4 février 1856;* J. P., 56, 1, 449; M. Leroux, *Contrôl. de l'enreg.*, n° 10,689); aussi ont-ils porté la difficulté sur un autre terrain. Ils soutiennent qu'il ne suffit pas au créancier d'élire un domicile pour lui, mais qu'il faut encore un domicile élu pour la femme, qu'en tout cas il faut l'indication explicite d'un domicile, pour l'exercice de l'hypothèque légale de la femme, domicile qui peut être tout autre pour cette hypothèque que pour l'hypothèque conventionnelle. Que le domicile puisse être tout autre pour l'hypothèque légale que pour l'hypothèque conventionnelle, nous le reconnaissons; il en sera ainsi toutes les fois que le créancier, qui a toute latitude sur ce point, aura dans son bordereau indiqué deux domiciles distincts, l'un pour l'exercice de l'hypothèque conventionnelle, l'autre pour l'exercice de l'hypothèque légale. Mais par quelle étrange méprise vient-on soutenir que le créancier est *obligé* d'élire un domicile pour la femme ? Est-ce donc que le créancier subrogé et la femme ne sont pas, l'un saisi éventuellement par la subrogation, l'autre dessaisie de la même manière, de l'hypothèque légale; et dès lors, quand le créancier prend inscription, n'est-ce pas à son profit et non pas dans l'intérêt de la femme qu'il porte la subrogation dans l'hypothèque légale, à la connaissance des tiers ?

Un jugement remarquable du tribunal civil de Lyon du 11 juillet dernier, rapporté dans la *Gazette des Tribunaux* du 15 novembre, décide la question en ce sens. Nous transcrivons une partie des motifs de ce jugement :

« Attendu que le créancier, au profit duquel existe une hypothèque ou un droit hypothécaire, peut le diviser ;

« Que cette division peut porter, soit sur les immeubles hypothéqués, soit sur la somme garantie, soit à la fois sur la créance et sur les immeubles ;

« Attendu notamment que le créancier hypothécaire peut céder une partie de sa créance et limiter par la cession à certains immeubles qui lui sont affectés, l'hypothèque dont le cessionnaire pourra se prévaloir ;

« Qu'un pareil contrat consenti par une personne ayant la capacité nécessaire, la dépouille complétement de la partie du droit cédé et en investit le cessionnaire, à la charge de l'accomplissement des formalités voulues pour opérer la saisine à l'égard des tiers, et le laisse complétement étranger au droit conservé par son cédant ;

« Attendu que l'inscription du droit hypothécaire, condition ordinaire de son existence, n'est que la manifestation de celle-ci au regard des tiers ;

« Qu'elle ne saurait avoir plus d'étendue que le droit lui-même, d'où il suit que ce cessionnaire *ne peut en son nom prendre inscription que dans la mesure du droit dont il est investi* et ne saurait valablement en dépasser les limites, soit quant à la quotité de la créance qui lui appartient, soit quant aux immeubles indiqués dans l'acte constitutif de son droit, comme devant être affectés à la garantie de cette quotité ;

« Que lorsqu'il prend inscription dans ces limites , *il n'agit que pour son propre compte et dans son intérêt exclusif* ; ses actes alors même qu'il ne manifeste pas expressément sa volonté à cet égard, *ne peuvent pas plus préjudicier à son cédant qu'ils ne peuvent lui profiter ;*

« Attendu qu'il suit encore de ce qui précède, qu'aussi longtemps que la cession produit son effet, le cessionnaire reste seul maître de disposer du droit qui lui a été transmis; qu'il peut en conséquence, soit le transporter soit l'anéantir en y renonçant et donner main levée de l'inscription par lui prise, sans que le cédant puisse s'y opposer à moins de stipulations contraires.

« Attendu que les déductions ci-dessus, qui ne sont que l'application des principes régissant les cessions de droit, doivent recevoir leur effet relativement *aux subrogations consenties par les femmes mariées ayant capacité à cet effet, à leur hypothèque légale ;*

« Attendu, en effet, que quels que soient les priviléges attachés à cette hypothèque, elle est divisible aussi bien que l'hypothèque conventionnelle ou judiciaire ;

« *Qu'aucun texte de loi n'astreint le cessionnaire de partie du droit de la femme à inscrire l'hypothèque de celle-ci, non-seulement pour la portion cédée, mais en outre pour celle qui continue à reposer sur la tête de la cédante et ne fait pas produire effet au profit de cette dernière, à l'inscription réalisée par le créancier subrogé pour la conservation de ses droits ;*

« Attendu que le texte de l'art. 9 de la loi du 23 mars 1855, sur la transcription aussi bien que les motifs qui ont dirigé le législateur, démontrent encore que telle n'est point la pensée de la loi ;

« Attendu, en effet, qu'aux termes de cet article le créancier subrogé doit faire inscrire *à son profit;*

« Que l'on ne saurait, sans doute, induire de là qu'il lui est défendu, si d'ailleurs il puise ce droit dans d'autres dispositions, de faire inscrire aussi l'hypothèque au profit de la femme; mais qu'il faut reconnaître au moins que le législateur ne lui en a pas *imposé l'obligation*, qu'il n'a pas *voulu* que l'inscription, prise par le créancier, *profitât nécessairement et virtuellement à la femme*, mais qu'il s'en est référé à cet égard aux principes du droit commun;

« Attendu, en outre, qu'il est expliqué dans l'exposé des motifs de ladite loi, que si on impose au cessionnaire l'obligation d'inscrire l'hypothèque de la femme, c'est qu'il n'est protégé par aucune des considérations qui peuvent empêcher celle-ci de prendre inscription et qu'il ne doit pas jouir de la même exception; qu'en présence de ces motifs il faut tenir pour constant que lorsque l'hypothèque légale n'a été que partiellement cédée, la nécessité de l'inscription ne s'applique qu'à cette portion, la partie du droit hypothécaire restant à la femme, continuant à jouir du privilége attaché à la qualité de celle-ci;

« Attendu que l'on prétend à tort que quels que soient les termes de l'inscription prise par le créancier subrogé, c'est en définitive l'hypothèque légale de la femme qu'il fait inscrire et que, par conséquent, celle-ci doit en profiter;

« Attendu que cette objection ne repose que sur la confusion du double sens que présentaient, dans l'hypothèse où on se place, ces mots : *inscription de l'hypothèque légale;*

« Attendu, en effet, qu'il est vrai de dire que le créancier fait inscrire l'hypothèque de la femme, si on entend par là, l'hypothèque qui a pris naissance sur la tête de la cédante, que la loi lui accorde en sa qualité de femme mariée et pour la garantie de ses reprises ; mais qu'il est complétement inexact de prétendre que l'inscription prise par le subrogé en son nom exclusif, dans son intérêt propre, est l'inscription de la partie de l'hypothèque légale qui a continué à reposer sur la tête de la femme et dont elle est seule appelée à profiter ;

« Attendu que les motifs qui précèdent justifient complétement la demande de Bauverie en ce qui concerne les inscriptions de la troisième catégorie, que les créanciers qui les ont requises n'étaient subrogés que pour partie soit dans la quotité de la créance, soit, quant aux immeubles affectés à l'hypothèque légale de la dame Beauverie, qu'ils n'ont acquis les inscriptions que dans la limite des droits dont ils étaient saisis et en leur nom personnel à l'exclusion de leur cédante, qu'elles ne sauraient dès lors profiter à cette dernière ;

« Attendu que l'on excipe vainement pour repousser cette conséquence, d'un mandat tacite et indirect dont serait investi le créancier subrogé par suite même de la subrogation ;

« Attendu que l'hypothèque étant divisible, la cession qui en est faite pour partie *ne contient pas nécessairement et virtuellement le mandat allégué;*

« Attendu dès lors que le mandat ne pourrait être que conventionnel, que ce contrat ne se présume pas, qu'il doit être justifié ; qu'il ne peut se former d'ailleurs que par le concours de la volonté du mandant et du mandataire ;

«Attendu que non-seulement on ne prouve pas l'existence d'un mandat; mais qu'il ressort de la manière la plus évidente des termes même des inscriptions dont s'agit que les créanciers n'ont voulu agir ni comme mandataires, ni comme *negotiorum gestores* de la femme ;

«Attendu que l'on doit d'autant plus repousser toute idée de mandat tacite et indirect, que si elle était admise il pourrait en résulter soit pour la femme, soit pour le créancier, des pertes ou des engagements en dehors de leurs prévisions ;

«Attendu, en effet, que si le créancier est le mandataire de la femme, il faut reconnaître *que l'élection de domicile par lui faite dans son inscription sera opposable à sa mandante*, que c'est à ce domicile que devront être faites les notifications prescrites et à elle destinées ;

«Attendu que si le créancier ne fait pas tenir à la femme les notifications soit à fin de purge, soit à l'effet de produire dans un ordre, celle-ci serait exposée à perdre ses droits, soit en laissant devenir irrévocable une aliénation faite à vil prix, soit en laissant distribuer sans son concours le juste prix de l'immeuble aliéné ;

«Attendu que si on admet en principe que le créancier mandataire est responsable de sa négligence, on convertit le droit certain de la femme sur l'immeuble hypothéqué à sa créance en un recours qui pourra être illusoire, et dans tous les cas on impose au premier une obligation onéreuse, etc. »

Les motifs du jugement de Lyon, dictés par les vrais principes en matière de subrogation à l'hypothèque de la femme, établissent à nos yeux jusqu'à l'évidence que le créancier subrogé ne contracte pas l'obligation d'élire dans l'inscription qu'il prend à son profit, un domicile pour la femme, à moins qu'elle ne lui en ait donné le mandat exprès et qu'il l'ait accepté.

La dernière planche de salut que MM. Cuënat et Leroux voulaient assurer à l'arrêt de 1856 lui fait donc défaut aussi.

Et maintenant que faut-il conclure de tout ce qui précède? C'est qu'il n'y a pas de motifs sérieux pour ne pas voir dans la mention de subrogation l'équivalent de l'inscription de l'hypothèque légale de la femme. Et cela est vrai aussi sous l'empire de la loi de 1855. A la vérité, MM. Troplong et Mourlon (*Transcript*, n^{os} 321 et 340 ; *Revue prat.*, p. 89) soutiennent le contraire, et logiquement ils devaient le faire, puisqu'ils pensent que l'inscription de l'hypothèque légale de la femme est, dans la pensée du législateur, le moyen de parvenir ensuite à la mention de la cession ; nous n'avons rien à ajouter sur ce point, que nous avons déjà examiné.

Que peut-on nous opposer encore pour invalider la mention de subrogation? Peut-être la lettre de l'art. 9, qui exige l'*inscription* de l'hypothèque de la femme, quand cette hypothèque n'a pas encore été inscrite; mais nous avons établi il n'y a qu'un instant que la mention de la subrogation à l'hypothèque de la femme, requise en même temps que l'inscription d'une hypothèque conventionnelle sur les biens du mari, équipollait à l'inscription de cette hypothèque avant la loi de 1855, puisqu'elle renferme, en se combinant avec l'inscription de l'hypothèque conventionnelle, toutes les énonciations exigées par l'art. 2153 du Code Napoléon. Il n'y a pas de raison de décider autrement depuis la loi du 23 mars, car cette loi ne se préoccupe pas tant de la manière dont l'inscription à l'hypothèque légale de la femme doit être requise, principalement ou accessoirement à l'inscription des hypothèques conventionnelles, que des effets qu'elle est destinée à produire.

Cependant, dit **M. Pont** (*Revue crit.*, p. 144) : « Le créancier dont la créance est garantie à la fois par une hypothèque conventionnelle et par une subrogation à l'hypothèque légale de la femme, peut incontestablement, en représentant un bordereau collectif, requérir que le conservateur fasse distinctement l'inscription de l'hypothèque conventionnelle et l'inscription de l'hypothèque légale, en tant que cette hypothèque profite à l'inscrivant. C'est même cette forme qu'adoptent aujourd'hui plusieurs chambres de notaires, notamment celles de Paris, de Lyon, de Strasbourg et les délégués des notaires, après avoir appuyé les mentions requises accessoirement à l'hypothèque conventionnelle. Est-ce un recul ? Est-ce un aveu par lequel on entendrait reconnaître la nullité de ces inscriptions ou mentions accessoires ? Il se peut qu'on y voudra voir cela. Pour nous, nous pensons ne pas nous tromper en affirmant qu'il y a là tout bonnement une mesure de prudence, et que les craintes inspirées par l'arrêt du 4 février 1856 ont seules déterminé à conseiller une forme nouvelle à la place de celle que ses avantages incontestables avaient fait préférer. »

Quoi qu'il en soit sur ce point, nous pensons que l'inscription de l'hypothèque légale de la femme, quelle que soit la forme dans laquelle elle est requise par le subrogé, doit, pour opérer saisine en faveur de ce dernier à l'égard des tiers, faire mention non-seulement du montant de la créance, mais encore du titre par lequel la femme subroge ce créancier à ses droits.

## 2° *De l'objet de la publicité.*

Dans notre chap. III nous avons déjà signalé les inconvénients qui résultaient, dans l'ancien état de choses, pour ceux qui traitaient avec le mari, de ce que les subrogés à l'hypothèque de la femme n'étaient pas tenus de porter leur subrogation à la connaissance des tiers. Nous avons rappelé les termes énergiques dans lesquels la faculté de Strasbourg signalait ces dangers lors de l'enquête administrative de 1841. C'est pour conjurer ces dangers, c'est pour empêcher que des créanciers qui croyaient avoir obtenu une sûreté complète par la subrogation à l'hypothèque de la femme, ne vissent cette garantie s'évanouir devant des subrogations antérieures, que notre art. 9 est venu soumettre à la publicité la subrogation à l'hypothèque de la femme ; voilà l'objet de cette publicité.

Il suit de là que toutes les fois que la femme transporte à un tiers tout ou partie de ses reprises ou des sûretés qui les garantissent, en l'y subrogeant soit par la voie de la cession, soit par celle d'une renonciation expresse ou tacite, cette cession ou cette renonciation devra être portée à la connaissance des tiers, conformément à l'art. 9. Il s'ensuit aussi que, quand la renonciation de la femme est purement extinctive, comme dans le cas où elle renonce en faveur d'un acquéreur, il ne sera pas nécessaire, nous l'avons établi dans notre chap. IV, de publier cette renonciation.

### 3° *Des effets de l'inscription.*

Après avoir soumis à la publicité l'hypothèque légale de la femme une fois qu'elle a passé des mains de cette dernière entre celles de créanciers subrogés, l'art. 9 de la loi de 1855 nous indique les effets de cette publicité en ces termes : «Les cessionnaires n'en seront saisis (de l'hypothèque) que par l'inscription de cette hypothèque prise à leur profit, ou par la mention de la subrogation en marge de l'inscription préexistante.» Par cette disposition la loi place les subrogations à l'hypothèque de la femme sous la même règle que l'hypothèque conventionnelle ; elle les soumet à l'art. 2134, d'après lequel « l'hypothèque soit légale, soit judiciaire, soit conventionnelle, n'a de rang que du jour de l'inscription prise par le créancier sur les registres du conservateur, dans la forme et de la manière prescrite par la loi.» Ce n'est donc plus comme avant 1855, la date de leurs titres, mais bien celle de l'inscription ou de la mention qui fixera l'ordre dans lequel les subrogés à l'hypothèque de la femme viendront concourir sur les biens du mari. Et dans le cas où plusieurs inscriptions ou mentions auraient été requises le même jour, les inscrivants devront venir à l'ordre en concurrence, suivant le prescrit de l'art. 2147.

Nous espérons avoir établi plus haut (chap. III) que l'authenticité de l'acte dans lequel la subrogation est consentie, est exigée à peine de nullité même à l'égard de la femme.

Il n'en est pas de même de l'inscription. Celle-ci n'est prescrite qu'aux subrogés entre eux, et non à la femme dans ses rapports avec les subrogés. Il ressort, en effet, clairement des termes de notre art. 9, qui n'exige l'inscription ou la mention *qu'entre les subrogés*, que le défaut de publicité ne saurait être opposé par la femme.

Ajoutons sur les effets de la publicité, que l'inscription prise par un créancier subrogé à son profit n'a d'utilité que pour lui seul. Ainsi un second créancier ne saurait se prévaloir de l'inscription prise par le premier, alors que les deux créances sont distinctes et qu'il n'existe aucun lien qui les rattache entre elles. C'est en ce sens que s'est prononcée la cour de Paris, par arrêt du 27 février 1857 (Dev., 57, 2, 283), en disant : « Que la subrogation dont un créancier réclame les effets en vertu d'une inscription distincte, crée en lui un droit propre et personnel, qu'il exerce dans son intérêt et dont aucun des créanciers ne saurait ni se prévaloir, ni profiter.»

Il en est de même de la femme : elle ne saurait se prévaloir de l'inscription prise par un de ses subrogés *à son profit*, pour soutenir que l'hypothèque légale a été inscrite dans son intérêt à elle. En effet, la loi n'impose pas au subrogé l'obligation d'inscrire l'hypothèque légale qui est restée sur la tête de la femme, mais bien celle qui ayant pris naissance dans la personne de cette dernière, a passé de ses mains entre celles du subrogé. Encore un coup, ce n'est qu'un mandat exprès et reçu en la forme authentique qui pourrait donner au créancier comme à toute autre personne le droit et lui imposer l'obligation d'inscrire l'hypothèque de la femme au profit de cette dernière. A défaut d'un pareil mandat, l'inscription prise par le subrogé ne sert qu'à lui seul. Aussi est-ce à tort suivant nous, que la cour d'Amiens a validé un certificat de

radiation dans lequel le conservateur, après avoir constaté la mainlevée, de l'inscription prise par un créancier subrogé, soit en ce qui concerne l'hypothèque
conventionnelle, soit relativement à l'hypothèque légale
dans laquelle le créancier avait été subrogé, réservait
expressément les effets de l'inscription en faveur de la
femme, et cela bien que le créancier se fût annoncé
dans l'inscription qu'il avait prise comme inscrivant
l'hypothèque légale de la femme, seulement dans la
mesure de sa propre créance, et que la femme n'eût
figuré en aucune manière dans le bordereau repré-
senté par le créancier (Amiens, 31 mars 1857, Dev.,
57, 2, 83 ; *Rev. crit.*, art. de M. Pont, t. XI, p. 22 et
suiv.).

La cour de Colmar est restée plus fidèle aux vrais
principes dans un arrêt qui, en proclamant la nécessité pour le créancier subrogé de s'inscrire dès qu'il est
interpellé par les notifications de la purge, infirme un
jugement rendu par le tribunal de première instance,
lequel avait décidé que lorsque l'hypothèque légale est
inscrite par un créancier subrogé, l'inscription profite
non-seulement au créancier qui l'a faite, mais encore à
la femme elle-même, et par suite aux autres créanciers
subrogés (Colmar, 26 mai 1857, J. P., 57, p. 476.

Enfin, nous rappelons que le jugement du tribunal
civil de Lyon du 11 juillet dernier, fait à l'espèce qu'il
décide l'application des mêmes principes qui ont guidé
la cour de Colmar.

# PROPOSITIONS.

### DROIT ROMAIN.

Le *jus possessionis* n'est pas un droit réel.

La distinction du *dominium* en *directum* et *utile*, n'est conforme ni aux textes ni aux principes du droit romain.

On peut avoir sur un immeuble la *possessio ad usucapionem* sans que cependant on fasse néccssairement siens les fruits de cet immeuble.

### DROIT CIVIL FRANÇAIS.

La communauté n'est pas une personne morale.

La séparation des patrimoines ne confère pas un privilége aux créanciers qui l'ont obtenue.

L'art. 1017 ne confère pas une hypothèque légale au légataire.

La femme commune a hypothèque sur les conquêts, soit qu'elle renonce à la communauté, soit qu'elle l'accepte.

### DROIT ADMINISTRATIF.

L'État ne peut pas acquérir par expropriation pour cause d'utilité publique une servitude seulement sur un immeuble appartenant à un particulier, il est obligé d'acquérir la propriété de tout ou partie de l'immeuble selon les cas.

Les lois des 23, 28 et 5 novembre 1790, et du 4 mars 1793 ne sont abrogées ni par la loi du 11 brumaire an VII, ni par l'art. 2121 du Code Napoléon.

L'hypothèque résultant au profit du trésor des contrats passés avec les fournisseurs est conventionnelle et non légale.

### DROIT DES GENS.

L'indépendance d'une nation ne suffit pas pour lui assurer les garanties du droit des gens.

Une nation peut déclarer ses propres ports en état de blocus.

Les États qui ont signé la déclaration du 16 avril 1856, promulguée en France par un décret impérial de la même année, ne peuvent pas délivrer des lettres de marque contre les États qui n'ont point souscrit à cet acte, lorsque ces États ne font pas eux-mêmes usage de corsaires.

### DROIT CRIMINEL.

Le ministère public ne peut se désister ni de l'action qu'il a formée ni des recours qu'il a exercés pour la conserver.

Les crimes commis par des étrangers ou des Français sur un territoire étranger, peuvent être poursuivis en France lorsqu'ils y ont été préparés ou achevés à l'aide d'actes que nos lois réputent criminels.

---

Vu par le président de l'acte public,
Strasbourg, le 17 décembre 1860.
**LAMACHE.**

Vu par le soussigné Doyen,
C. AUBRY.

Permis d'imprimer,
Strasbourg, le 18 décembre 1860.
Le Recteur, DELCASSO.